Impressum
Verlag: BABADADA GmbH, Nedderfeld 112 , 22529 Hamburg
Geschäftsführer / Verlagsleitung: Harald Hof
Druck: Books on Demand GmbH, In de Tarpen 42, 22848 Norderstedt

Imprint
Publisher: BABADADA GmbH, Nedderfeld 112 , 22529 Hamburg, Germany
Managing Director / Publishing direction: Harald Hof
Print: Books on Demand GmbH, In de Tarpen 42, 22848 Norderstedt, Germany

اسکول

школа

کمرہ جماعت
классная комната

تقسیم کریں
делить

186/2

بورڈ
доска

سکول کا صحن
школьный двор

اُستاد
учитель

کاغذ
бумага

لکھنا
писать

قلم
ручка

میز
письменный стол

پیمانہ
линейка

کتاب
книга

شاگرد
ученик

بستہ

ранец

پینسل کیس

пенал

پینسل

карандаш

پینسل شارپنر

точилка

ربڑ

ластик

ڈرائنگ پیڈ

альбом для рисования

ڈرائنگ

рисунок

پینٹ برش

кисточка

پینٹ باکس

коробка красок

قینچی

ножницы

گوند

клей

مشق کی کاپی

тетрадь

ہوم ورک

домашняя работа

ہندسہ

цифра

جمع کریں

прибавлять

منفی کریں

вычитать

ضرب دیں

умножать

شمارکریں

считать

خط

буква

حروف تہجی

алфавит

لفظ

слово

متن

текст

پڑھنا

читать

چاک

мел

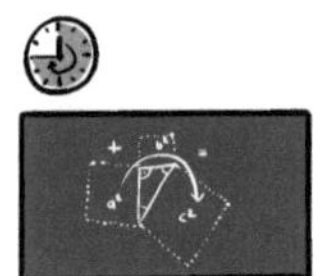

سبق

урок

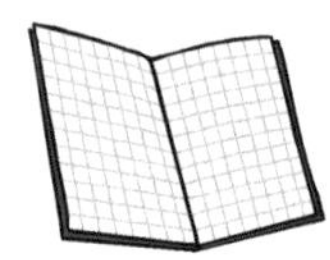

اندراج

классный журнал

امتحان

экзамен

سند

диплом

سکول یونیفارم

школьная форма

تعلیم

образование

انسائیکلوپیڈیا

энциклопедия

یونیورسٹی

университет

خورد بین

микроскоп

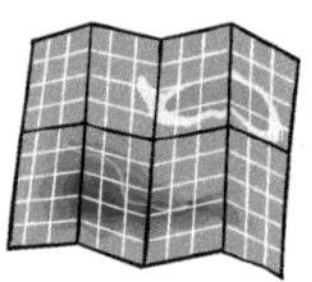

نقشہ

карта

ویسٹ پیپرباسکٹ

корзина для бумаг

سفر

путешествие

ہوٹل
гостиница

ہاسٹل
турбаза

رقم تبدیل کرانے کیلئے دفتر
пункт обмена валюты

سوٹ کیس
чемодан

کار
автомобиль

زبان

язык

ہاں / نہیں

да / нет

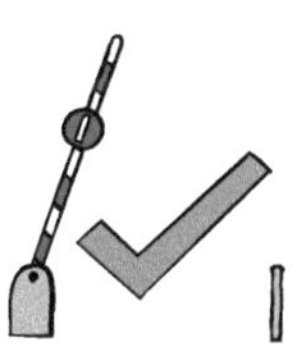

ٹھیک ہے

хорошо

ہیلو

Привет

مُترجم

переводчик

شُکریہ

Спасибо

--- کی کیا قیمت ہے؟

Сколько стоит…?

میں نہیں سمجھتا

Я не понимаю

مشکل

проблема

شام بخیر!

Добрый вечер!

صبح بخیر!

Доброе утро!

شب بخیر!

Доброй ночи!

الوداع

До свидания

سمت

направление

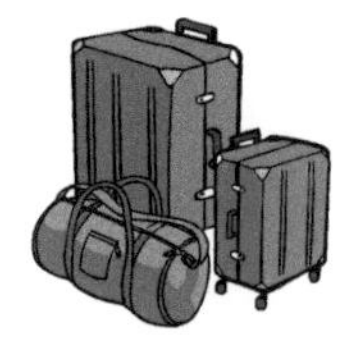

سفری سامان

багаж

بیگ

сумка

بیگ پیک

рюкзак

مہمان

гость

کمره

комната

سلیپنگ بیگ

спальный мешок

ٹینٹ

палатка

سیاحوں کے لئے معلومات

....

туристическая информация

ساحل

....

пляж

کریڈٹ کارڈ

....

кредитная карточка

ناشتہ

....

завтрак

لنچ

....

обед

ڈنر

....

ужин

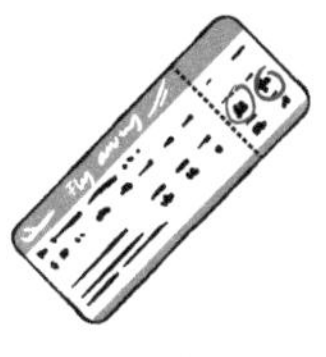

ٹکٹ

....

билет

لفٹ

....

лифт

مُہر

....

почтовая марка

سرحد

....

граница

کسٹمز

....

таможня

سفارت خانہ

....

посольство

ویزا

....

виза

پاسپورٹ

....

паспорт

نقل وحمل

транспорт

ہوائی جہاز
самолёт

سمندری جہاز
корабль

آگ بُجھانےوالی گاڑی
пожарный автомобиль

ٹرک
грузовик

بس
автобус

موٹربوٹ
моторная лодка

سائیکل
велосипед

کار
автомобиль

فیری
....
паром

کشتی
....
лодка

موٹرسائیکل
....
мотоцикл

پولیس کار
....
полицейский автомобиль

ریسنگ کار
....
гоночный автомобиль

کرایہ پرکار
....
арендованный автомобиль

کارکا اشتراک کرنا

....

совместное пользование автомобилями

کھینچنےوالا ٹرک

....

буксировочный автомобиль

کوڑے والا ٹرک

....

мусоровоз

کار

....

двигатель

ایندھن

....

топливо

پٹرول اسٹیشن

....

заправка

ٹریفک کےنشانات

....

дорожный знак

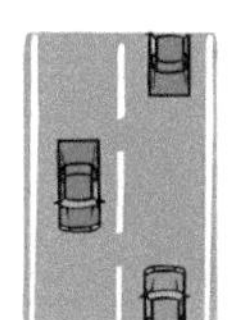

ٹریفک

....

движение

ٹریفک جام

....

пробка

کارپارک

....

автостоянка

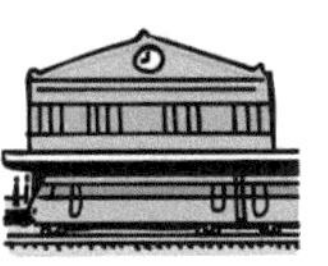

ٹرین اسٹیشن

....

вокзал

پٹڑیاں

....

рельсы

ٹرین

....

поезд

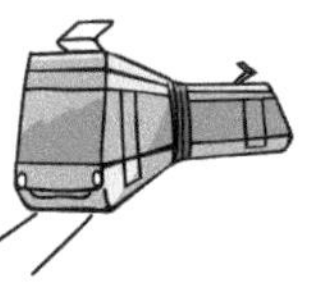

ٹرام

....

трамвай

ویگن

....

вагон

ہیلی کاپٹر

....

вертолёт

ائرپورٹ

....

аэропорт

ٹاور

....

вышка

مسافر

....

пассажир

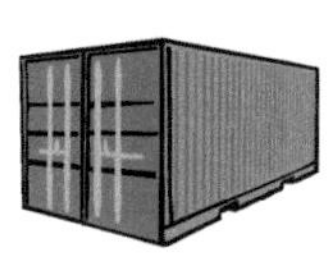

کنٹینر

....

контейнер

ڈبہ

....

коробка

ریڑھا

....

тележка

ٹوکری

....

корзина

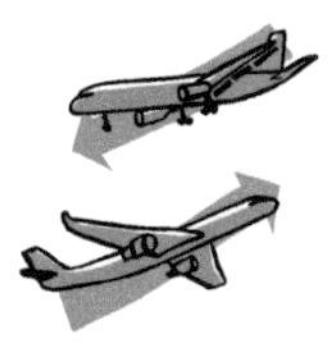

اُڑان بھرنا / زمین پراُترنا

....

взлетать / приземляться

شہر

город

گاؤں

....

деревня

سٹی سنٹر

....

центр города

مکان

....

дом

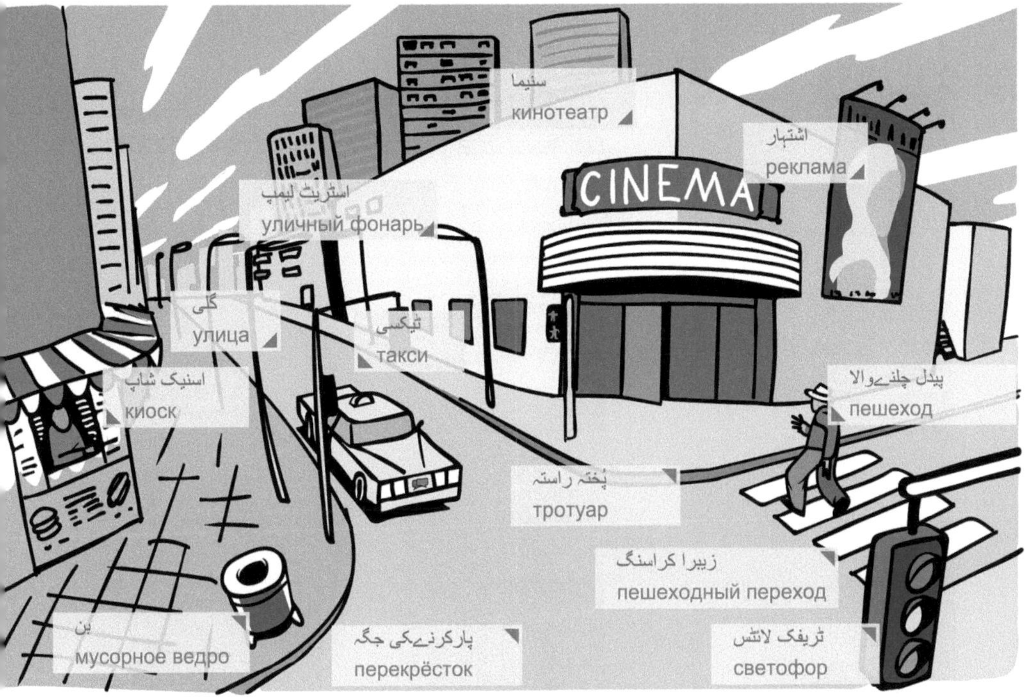

سنیما
кинотеатр

اشتہار
реклама

اسٹریٹ لیمپ
уличный фонарь

گلی
улица

ٹیکسی
такси

اسنیک شاپ
киоск

پیدل چلنے والا
пешеход

پُختہ راستہ
тротуар

زیبرا کراسنگ
пешеходный переход

بن
мусорное ведро

پارکرنےکی جگہ
перекрёсток

ٹریفک لائٹس
светофор

ہٹ
....
хижина

فلیٹ
....
квартира

ٹرین اسٹیشن
....
вокзал

ٹاؤن ہال
....
ратуша

عجائب گھر
....
музей

اسکول
....
школа

یونیورسٹی

университет

بینک

банк

ہسپتال

больница

ہوٹل

гостиница

فارمیسی

аптека

دفتر

офис

کتابوں کی دکان

книжный магазин

دکان

магазин

پھولوں کی ڈکان

цветочный магазин

سُپرمارکیٹ

супермаркет

مارکیٹ

рынок

ڈیپارٹمنٹ سٹور

универмаг

مچھلی کی ڈکان

торговец рыбой

شاپنگ سنٹر

торговый центр

بندرگاہ

порт

پارک

парк

بنچ

скамейка

پُل

мост

سیڑھیاں

лестница

انڈرگراؤنڈ

метро

سرُنگ

тоннель

بس اسٹاپ

автобусная остановка

شراب خانہ

бар

ریسٹورنٹ

ресторан

پوسٹ باکس

почтовый ящик

اسٹریٹ سائن

табличка с названием улицы

پارکنگ میٹر

паркометр

چڑیا گھر

зоопарк

سوئمنگ پول

бассейн

مسجد

мечеть

کھیت

ферма

آلودگی

загрязнение окружающей среды

قبرستان

кладбище

چرچ

церковь

کھیل کا میدان

детская площадка

مندر

храм

منظر

ландшафт

پتہ
лист

رہنمائی کے لئے لگا ہوا بورڈ
дорожный указатель

راستہ
дорога

سبزہ زار
луг

پتھر
камень

پیدل چلنے والا، بانگر
путешественник

درخت
дерево

دریا
река

گھاس
трава

پھول
цветок

وادی

долина

پہاڑی

гора

جھیل

озеро

جنگل

лес

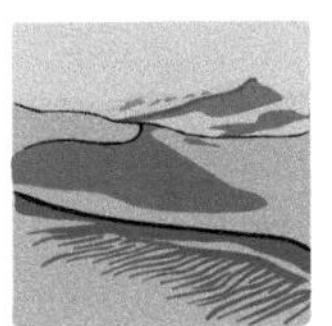

صحرا

пустыня

آتش فشاں

вулкан

قلعہ

замок

قوس قزح

радуга

کھمبی

гриб

کجھورکا درخت

пальма

مچھر

комар

مکھی

муха

چیونٹی

муравей

مکھی

пчела

مکڑا

паук

بھونرا

жук

مینڈک

лягушка

گلہری

белка

خارپُشت

еж

خرگوش

заяц

اُلو

сова

پرندہ

птица

راج ہنس

лебедь

سؤر

кабан

ہرن

олень

امریکی بارہ سنگھا

лось

ڈیم

плотина

ہوا سے چلنے والی ٹربائین

ветряной генератор

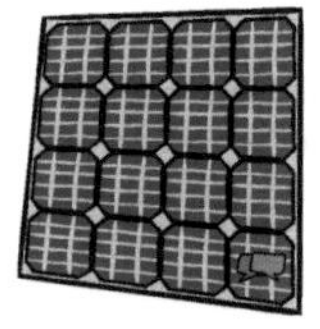

سولر پینل

солнечная батарея

آب وہوا

климат

ریسٹورنٹ

ресторан

ویٹر
официант

مینیو
меню

کُرسی
стул

سوپ
суп

پیزا
пицца

کٹلری
столовые приборы

ٹیبل کلاتھ
скатерть

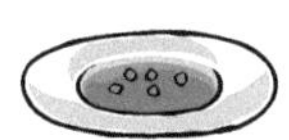

استارٹر
....
закуска

مین کورس
....
главное блюдо

ڈیزرٹ
....
десерт

مشروبات
....
напитки

کھانے کی اشیاء
....
еда

بوتل
....
бутылка

فاسٹ فوڈ

....

фастфуд

اسٹریٹ فوڈ

....

уличная еда

چائےدانی

....

чайник

شوگرباکس

....

сахарница

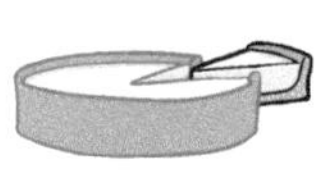

حصہ

....

порция

ایسپریسو مشین

....

кофеварка

اونچی کُرسی

....

детский стульчик

بل

....

счет

ٹرے

....

поднос

چھُری

....

нож

کانٹا

....

вилка

چمچ

....

ложка

چائےکا چمچ

....

чайная ложка

سرویئیٹی

....

салфетка

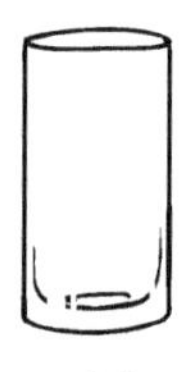

شیشہ

....

стакан

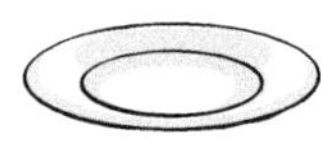

پلیٹ

тарелка

سوپ پلیٹ

суповая тарелка

طشتری

блюдце

چٹنی

соус

سالٹ شیکر

солонка

پیپرمل

мельница для перца

سرکہ

уксус

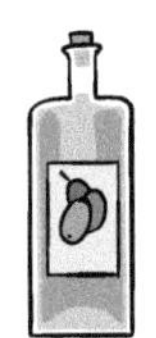

خوردنی تیل

масло

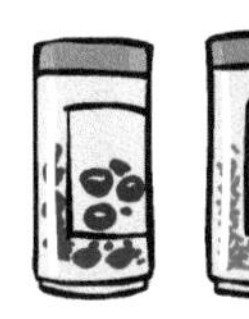

مصالحے

специи

کیچپ

кетчуп

سرسوں

горчица

میئونیز

майонез

سُپرمارکیٹ

супермаркет

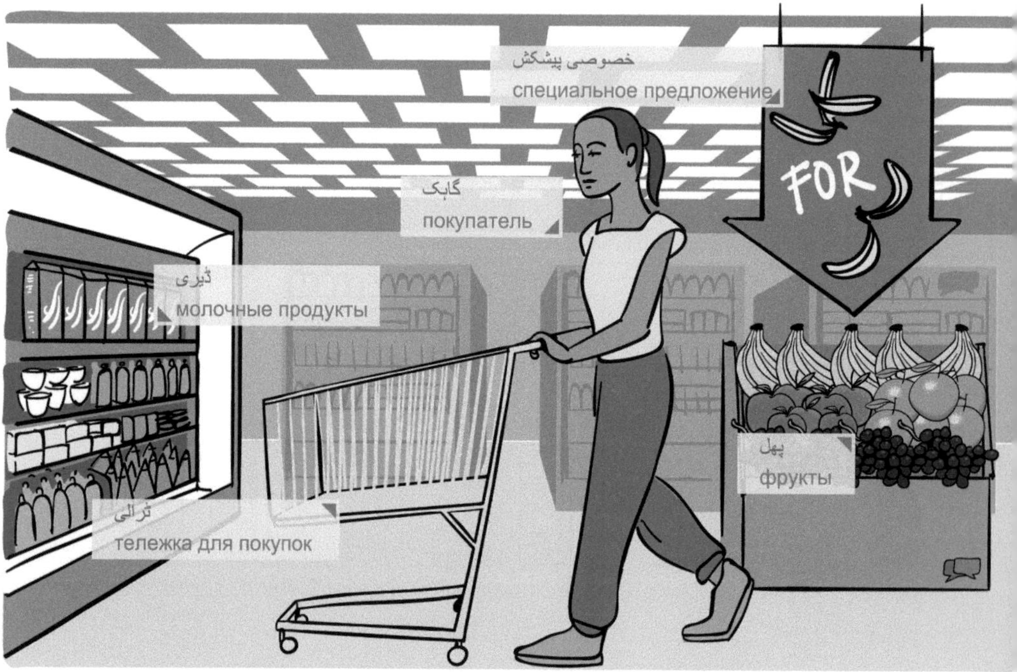

خصوصی پیشکش
специальное предложение
FOR
گاہک
покупатель
ڈیری
молочные продукты
پھل
фрукты
ٹرالی
тележка для покупок

BUTCHERS

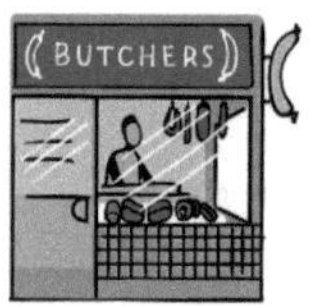

گوشت کی دُکان

мясной магазин

BAKERY

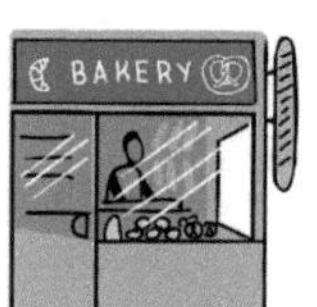

بیکری

пекарня

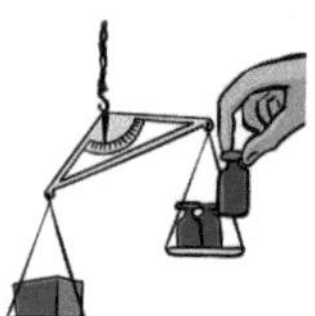

وزن کرنا

взвешивать

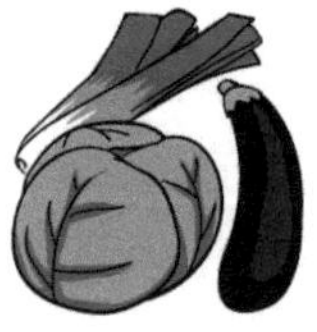

سبزیاں

овощи

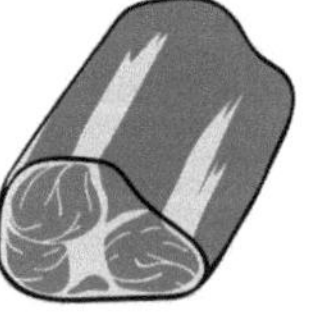

گوشت

мясо

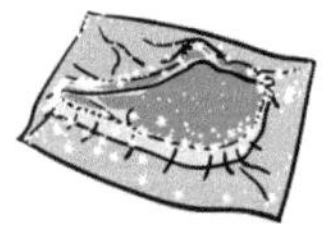

جما ہوا کھانا

быстрозамороженные продукты

کولڈ کٹس
....
нарезка

ڈبےمیں بند کھانا
....
консервы

واشنگ پاؤڈر
....
стиральный порошок

مٹھائیاں
....
сладости

گھریلو مصنوعات
....
предмет домашнего обихода

صاف کرنےکیلئےمصنوعات
....
моющее средство

سیلزپرسن
....
продавщица

کیش رجسٹر
....
касса

کیشئیر
....
кассир

خریداری کی فہرست
....
список покупок

اوقات کار
....
время работы

بٹوہ
....
бумажник

کریڈٹ کارڈ
....
кредитная карточка

تھیلا
....
сумка

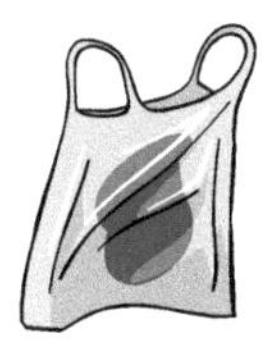

پلاسٹک کےتھیلے
....
полиэтиленовый пакет

مشروبات

напитки

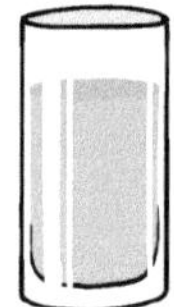

پانی

вода

جوس، رس

сок

دودھ

молоко

کوک

кока-кола

وائن

вино

بیئر

пиво

الکوحل

алкоголь

کوکوآ

какао

چائے

чай

کافی

кофе

ایسپریسو

эспрессо

کیپاچینو

капучино

کھانے کی اشیاء

еда

کیلا

банан

سیب

яблоко

مالٹا

апельсин

خربوزہ

арбуз

لیموں

лимон

گاجر

морковь

لہسن

чеснок

بانس

бамбук

پیاز

лук

کھُمبی

гриб

اخروٹ، بادام وغیرہ

орехи

نوڈلز

лапша

اسپیگیٹی

....

спагетти

چاول

....

рис

سلاد

....

салат

چپس

....

картофель фри

تلے گئے آلو

....

жареный картофель

پیزا

....

пицца

ہیم برگر

....

гамбургер

سینڈوچ

....

сэндвич

کٹلیٹ

....

шницель

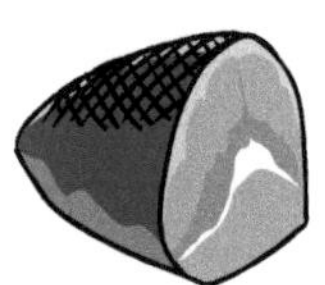

سؤرکی ران کا گوشت

....

ветчина

گوشت کی اطالوی ساسیج

....

салями

ساسیج

....

колбаса

مُرغی

....

курица

روسٹ

....

жаркое

مچھلی

....

рыба

جئی کا دلیہ

овсяные хлопья

میوزلی

мюсли

کارن فلیکس

кукурузные хлопья

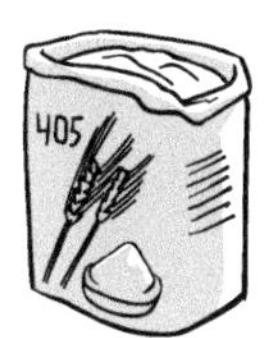

آٹا

мука

کروئیسنٹ

круассан

بریڈ رول

булочка

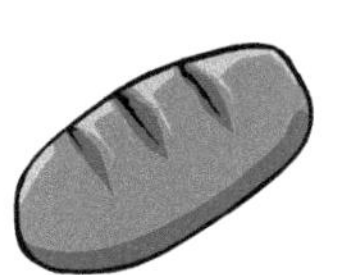

بریڈ

хлеб

ٹوسٹ

тост

بسکٹ

печенье

مکھن

масло

دہی

творог

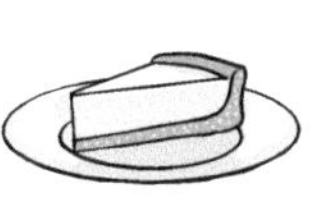

کیک

пирог

انڈا

яйцо

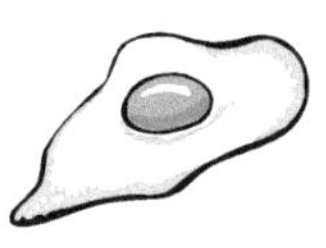

فرائی کیا گیا انڈہ

яичница

پنیر

сыр

آئس کریم

....

мороженое

چینی

....

сахар

شہد

....

мёд

جام

....

мармелад

ناؤگٹ کریم

....

крем с нугой

سالن

....

карри

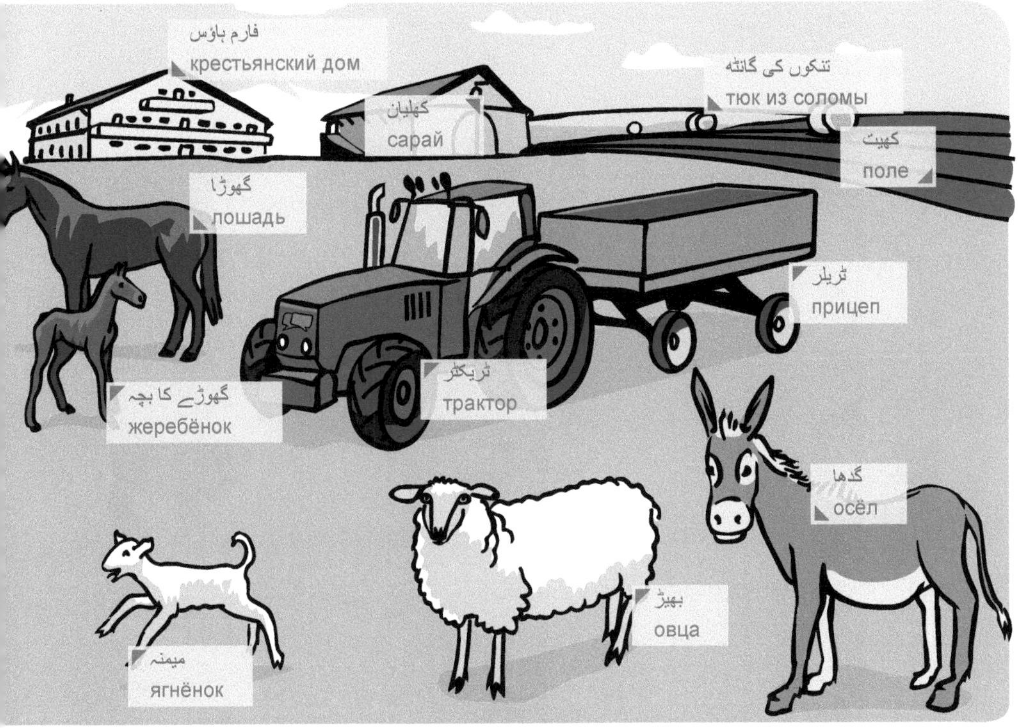

ферма

فارم ہاؤس
крестьянский дом

کھلیان
сарай

تنکوں کی گانٹھ
тюк из соломы

کھیت
поле

گھوڑا
лошадь

ٹریلر
прицеп

ٹریکٹر
трактор

گھوڑے کا بچہ
жеребёнок

گدھا
осёл

بھیڑ
овца

میمنہ
ягнёнок

بکری
коза

گائے
корова

بچھڑا
телёнок

سؤر
свинья

سؤر کا بچہ
поросёнок

سانڈ
бык

راج ہنس

гусь

بطخ

утка

چوزہ

цыплёнок

مُرغی

курица

مُرغا

петух

چوہا

крыса

بلی

кошка

چوہا

мышь

بیلچہ

вол

کُتا

собака

کُتے کا گھر

конура

گارڈن ہاؤس

садовый шланг

پانی کا کین

лейка

درانتی

коса

ہل

плуг

درانتی

серп

بیلچہ

мотыга

ترنگل

навозные вилы

کلہاڑا

топор

ہتھ گاڑی

тачка

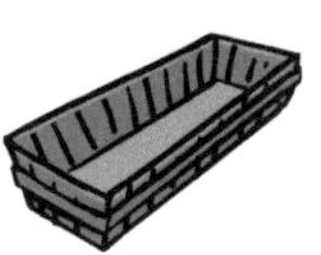

حوض

корыто

دودھ کا کین

бидон для молока

تھیلا

мешок

باڑ

забор

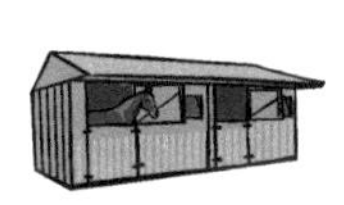

اصطبل

хлев

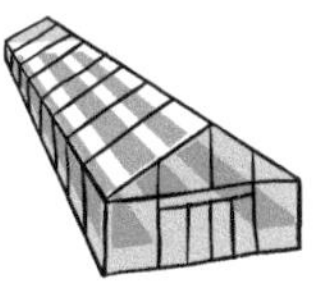

گرین ہاؤس

теплица

مٹی

почва

بیج

посев

فرٹیلائیزر

удобрение

کمبائن ہارویسٹر

комбайн

فصل کاٹنا

....

собирать урожай

فصل کاٹنا

....

урожай

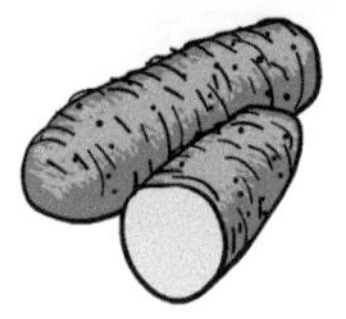

افریقی آلو

....

ямс

گندم

....

пшеница

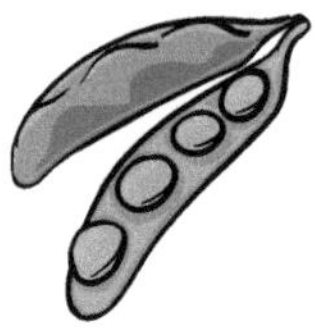

سویا

....

соя

آلو

....

картофель

مکئی

....

кукуруза

توریا کا تیل

....

рапс

پھلداردرخت

....

фруктовое дерево

کساوا

....

маниок

دلیہ

....

злаки

مکان

дом

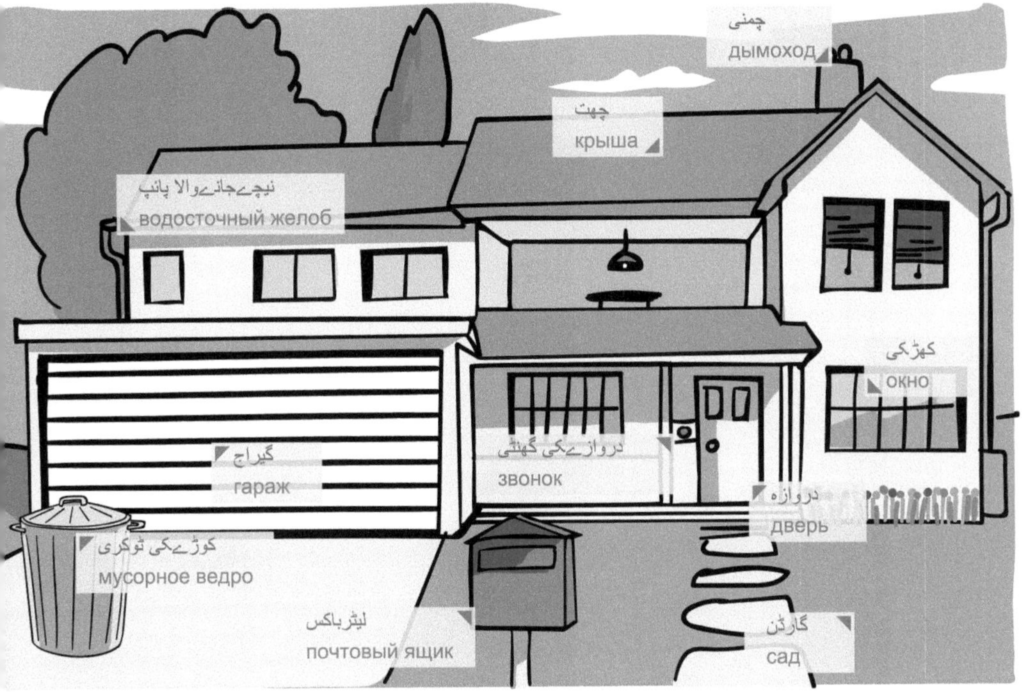

چمنی

дымоход

چھت

крыша

نیچے جانے والا پائپ

водосточный желоб

کھڑکی

окно

گیراج

гараж

دروازے کی گھنٹی

звонок

دروازہ

дверь

کوڑے کی ٹوکری

мусорное ведро

لیٹر باکس

почтовый ящик

گارڈن

сад

لوونگ روم

гостиная

غسل خانہ

ванная комната

باورچی خانہ

кухня

بیڈروم

спальня

بچوں کا کمرہ

детская комната

کھانے کا کمرہ

столовая

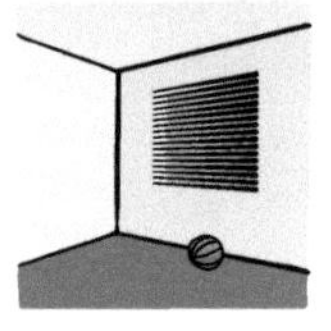

فرش

пол

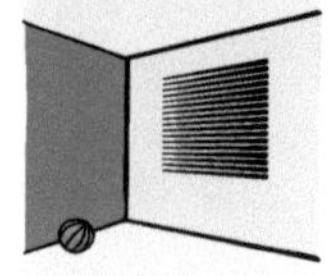

دیوار

стена

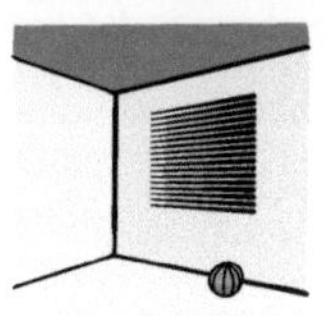

چھت

потолок

تہ خانہ

подвал

سوانا

сауна

بالکونی

балкон

ٹیریس

терраса

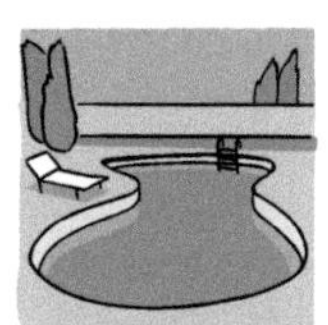

پول

бассейн

گھاس کاٹنے کی مشین

газонокосилка

چادر

пододеяльник

چادر

покрывало

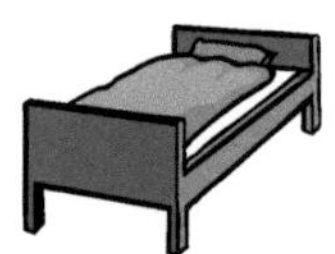

بستر

кровать

جھاڑو

метла

بالٹی

ведро

سوئچ

выключатель

لوونگ روم

гостиная

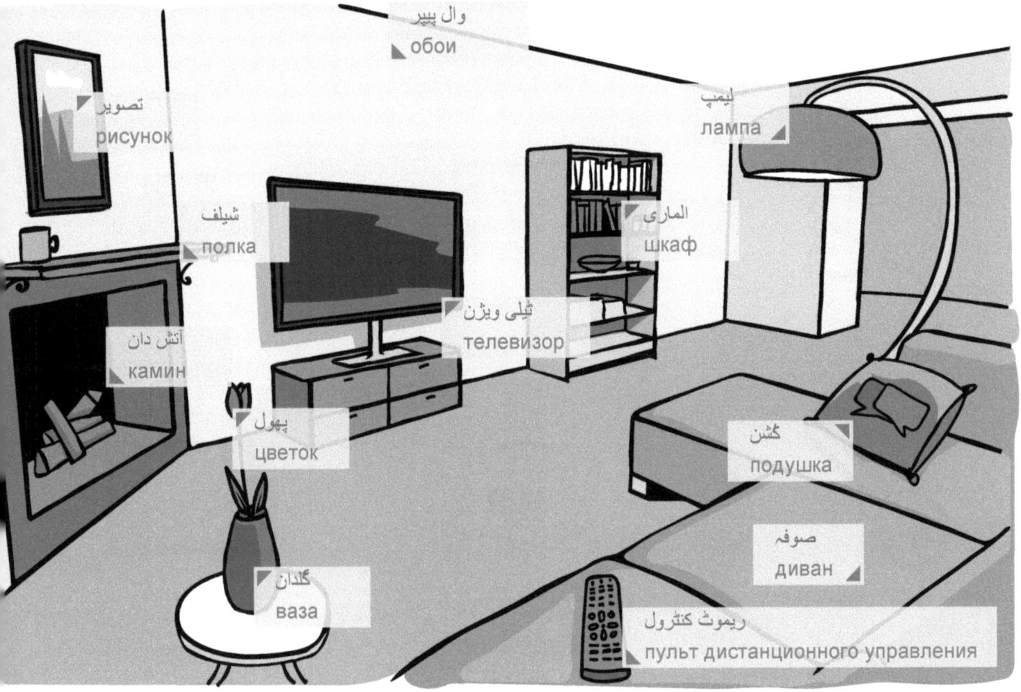

وال پیپر
обои

تصویر
рисунок

لیمپ
лампа

شیلف
полка

الماری
шкаф

ٹیلی ویژن
телевизор

آتش دان
камин

پھول
цветок

کُشن
подушка

صوفہ
диван

گلدان
ваза

ریموٹ کنٹرول
пульт дистанционного управления

قالین

ковёр

پردے

штора

میز

стол

کُرسی

стул

ہلنےوالی کُرسی

кресло-качалка

آرام کُرسی

кресло

کتاب

книга

کمبل

покрывало

آرائش

украшение

جلانےکی لکڑی

дрова

فلم

фильм

ہائی فائی

стереосистема

چابی

ключ

اخبار

газета

پینٹنگ

картина

پوسٹر

плакат

ریڈیو

радио

نوٹ بُک

блокнот

ویکیوم کلینر

пылесос

کیکٹس

кактус

موم بتی

свеча

باورچی خانہ
кухня

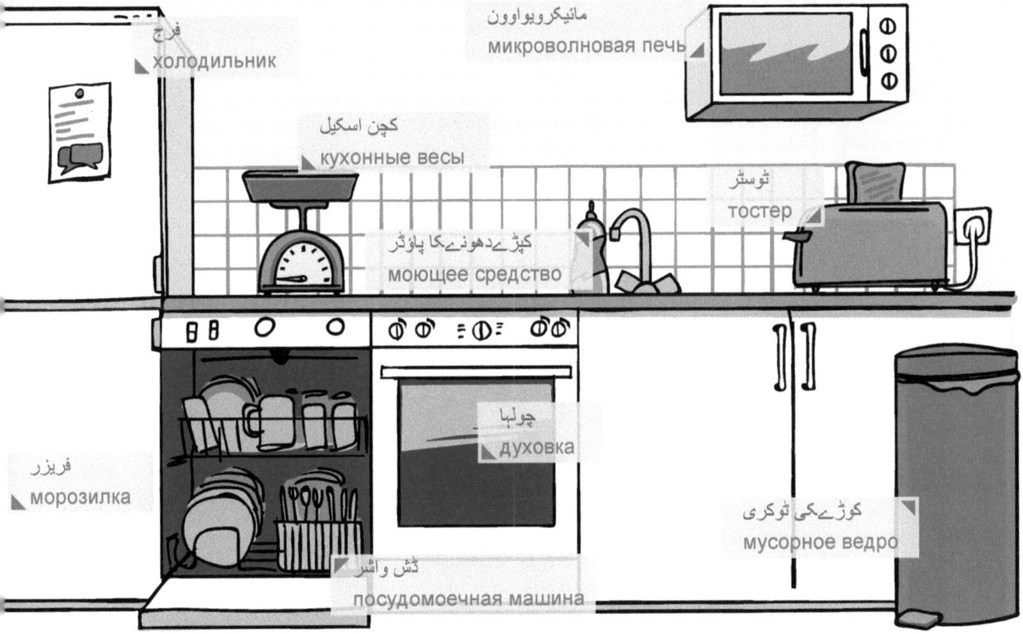

فرج
холодильник

مائیکرویواوون
микроволновая печь

کچن اسکیل
кухонные весы

ٹوسٹر
тостер

کپڑے دھونے کا پاؤڈر
моющее средство

چولہا
духовка

فریزر
морозилка

کوڑے کی ٹوکری
мусорное ведро

ڈش واشر
посудомоечная машина

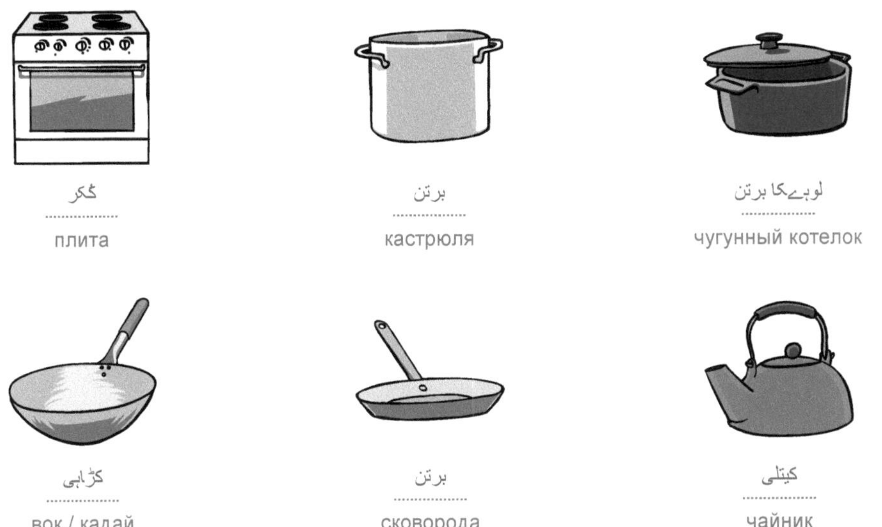

ککر
....
плита

برتن
....
кастрюля

لوہے کا برتن
....
чугунный котелок

کڑاہی
....
вок / кадай

برتن
....
сковорода

کیتلی
....
чайник

استیمر

пароварка

بیکنگ ٹرے

противень

کراکری

посуда

مگ

кружка

پیالہ

миска

چاپ اسٹکس

палочки для еды

ڈوئی

половник

کفچہ

лопатка

جھاڑودینا

сбивалка

مقطر

сито

چھلنی

сито

گریٹر

тёрка

کونڈی

ступка

باربی کیو

гриль

کھُلی آگ

костёр

چاپنگ بورڈ

доска

بیلن

скалка

کارک اسکریو

штопор

کین

жестяная банка

کین اوپنر

консервный нож

برتن پکڑنےوالا کپڑا

прихватка

سنک

раковина

برش

щетка

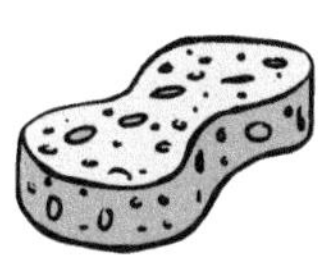

اسپونج

губка

بلینڈر

миксер

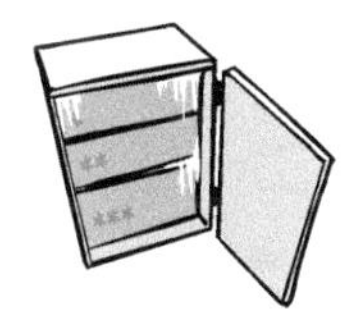

ڈیپ فریز

морозильная камера

بچےکی بوتل

бутылочка для кормления

ٹونٹی

кран

غُسل خانہ

ванная комната

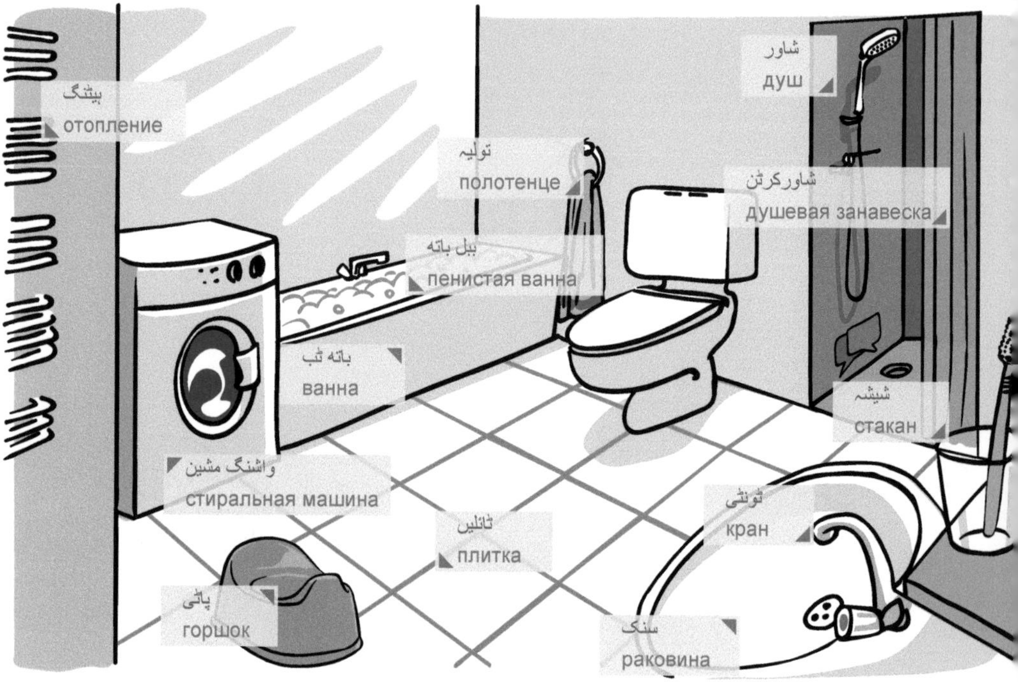

ہیٹنگ
отопление

تولیہ
полотенце

شاور
душ

شاورکرٹن
душевая занавеска

ببل باتھ
пенистая ванна

باتھ ٹب
ванна

واشنگ مشین
стиральная машина

ٹائلیں
плитка

ٹونٹی
кран

شیشہ
стакан

پاٹی
горшок

سنک
раковина

ٹائلٹ
....
туалет

دوزانوں بیٹھنے والی ٹائلٹ
....
напольный унитаз

نچلاحصہ دھونے کیلئے پاٹ
....
биде

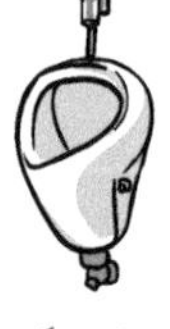

پیشاب گاہ
....
писсуар

ٹائلٹ پیپر
....
туалетная бумага

ٹائلٹ برش
....
ершик

ٹوتھ برش

....

зубная щетка

ٹوتھ پیسٹ

....

зубная паста

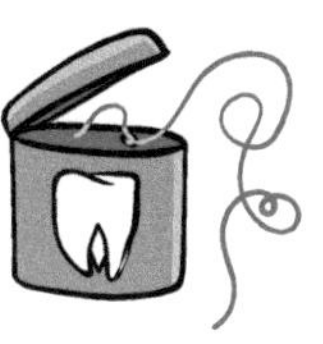

ڈینٹل فلاس

....

зубная нить

دھونا

....

мыть

ہینڈ شاور

....

ручной душ

شاور

....

интимный душ

بیسن

....

таз

بیک برش

....

щетка для спины

صابن

....

мыло

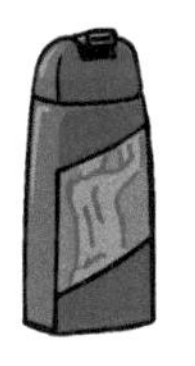

شاورجل

....

гель для душа

شیمپو

....

шампунь

فلالین

....

мочалка

ڈرین

....

сток

کریم

....

крем

ڈیوڈورنٹ

....

дезодорант

آئینہ
....
зеркало

ہاتھ میں پکڑا جانےوالا آئینہ
....
ручное зеркало

ریزر
....
бритва

شیونگ فوم
....
пена для бритья

آفٹرشیو
....
лосьон после бритья

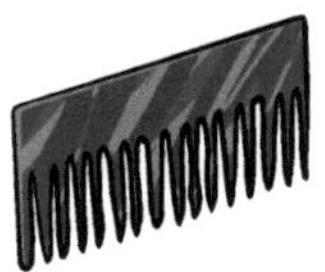

کنگھی
....
расческа

برش
....
щетка

ہیئرڈرائر
....
фен

ہیئراسپرے
....
лак для волос

میک اپ
....
косметика

لپ اسٹک
....
губная помада

نیل وارنش
....
лак для ногтей

روئی
....
вата

ناخن کاٹنےکی قینچی
....
маникюрные ножницы

پرفیوم
....
духи

واش بیگ

косметичка

پاخانہ

табуретка

وزن کرنےکی مشین

весы

باتہ روب

халат

ربڑکےدستانے

резиновые перчатки

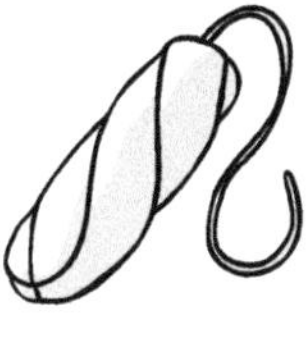

ٹیمپون

тампон

سینیٹری ٹاول

гигиеническая прокладка

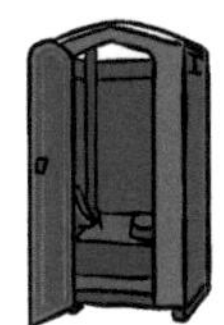

کیمیکل ٹائلٹ

биотуалет

بچوں کا کمرہ

детская комната

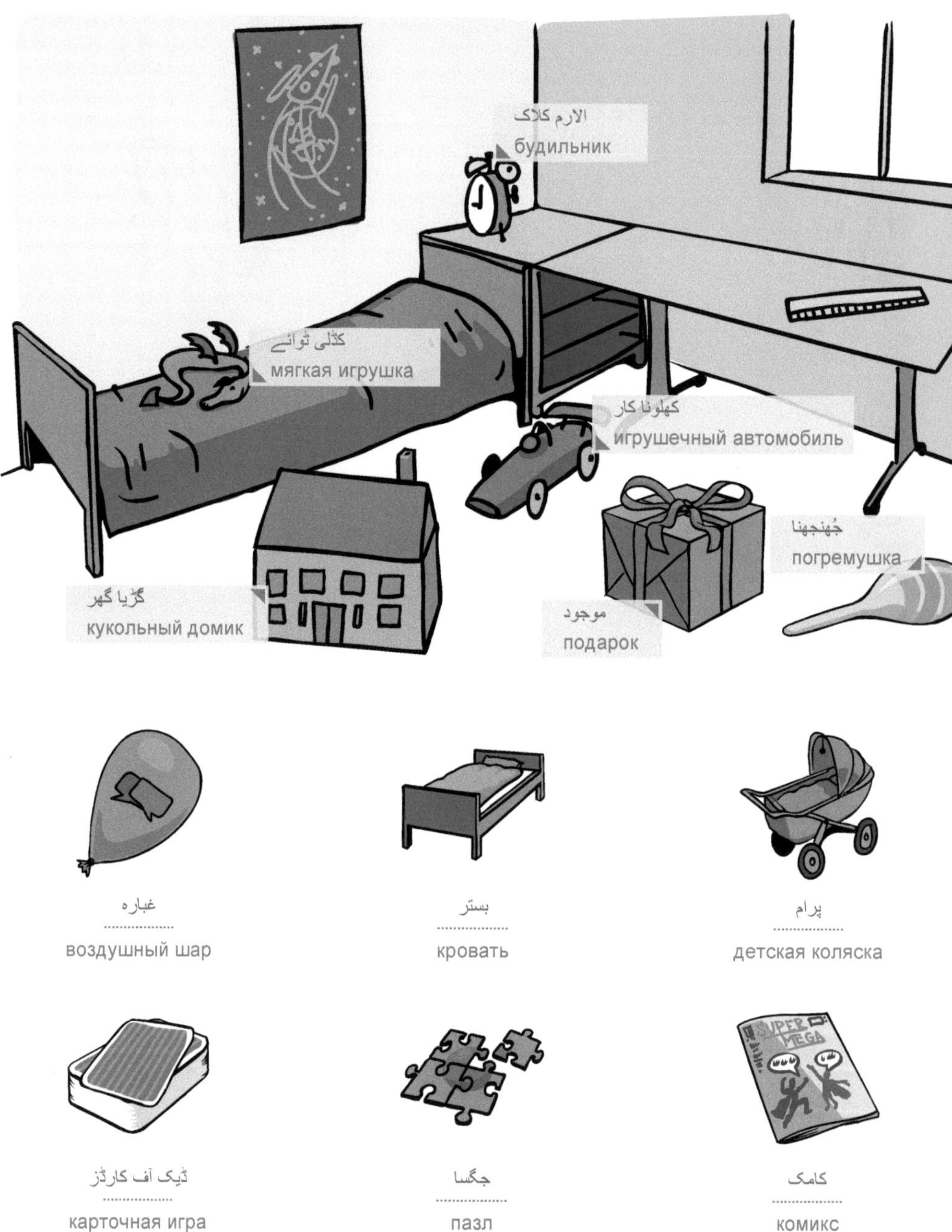

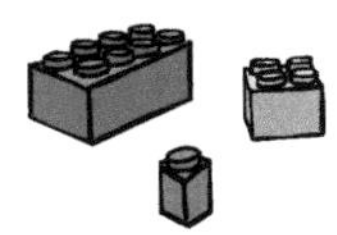

لیگوبرکس

кирпичики Лего

کھلونا بلاکس

кубики

ایکشن فگر

игрушечная фигурка

بچے کا لباس

ползунки

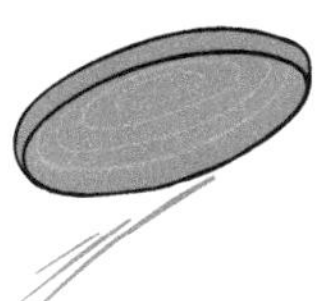

فرسبی

фрисби

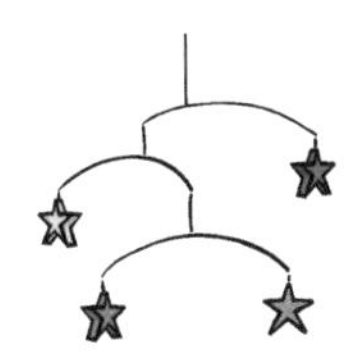

کھلونا موبائل

мобиле

بورڈ گیم

настольная игра

ڈائس

кубик

ماڈل ٹرین سیٹ

модель железной дороги

ڈمی

соска

پارٹی

вечеринка

تصاویروالی کتاب

книга с картинками

گیند

мяч

گڑیا

кукла

کھیلنا

играть

سینڈ پٹ

песочница

جھولا جھولنا

качели

کھلونے

игрушка

وڈیوگیم کنسول

игровая приставка

تین پہیوں والی سائیکل

трёхколесный велосипед

ٹیڈی بیئر

плюшевый медвежонок

کپڑوں کی الماری

шкаф для одежды

لباس

одежда

موزے

носки

اسٹاکنگز

чулки

ٹائٹس

колготки

اسکارف
шарф
چھتری
зонтик
ٹی شرٹ
футболка
بیلٹ
ремень
بوٹ
сапоги
سلیپر
тапки
اسنیکرز
кроссовки
سینڈل
сандалии
جوتے
ботинки
ربڑکےبوٹس
резиновые сапоги
زیرجامہ
трусы
بریزئیر
бюстгальтер
واسکٹ
майка

جسم

....

боди

پتلون

....

брюки

جینز

....

джинсы

اسکرٹ

....

юбка

بلاؤز

....

блузка

قمیض

....

рубашка

پُل اوور

....

свитер

سویٹر

....

свитер

بلیزر

....

спортивная куртка

جیکٹ

....

жакет

کوٹ

....

пальто

رین کوٹ

....

плащ

کوئی خاص لباس

....

костюм

لباس

....

платье

شادی کا لباس

....

свадебное платье

سوٹ
....
мужской костюм

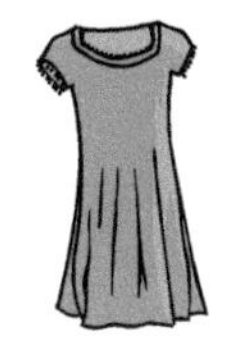

نائٹ گاؤن
....
ночная сорочка

پائجامہ
....
пижама

ساڑھی
....
сари

سرپرلیا جانےوالا اسکارف
....
платок

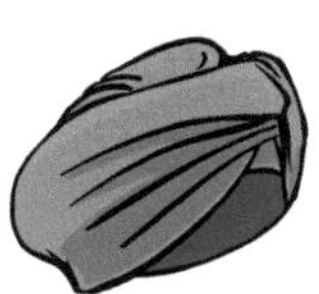

پگڑی
....
тюрбан

بُرقع
....
паранджа

کفتان
....
кафтан

عبایہ
....
абайя

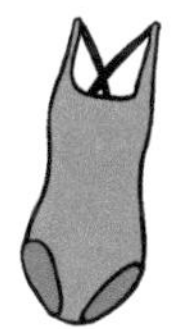

تیراکی کا سوٹ
....
купальник

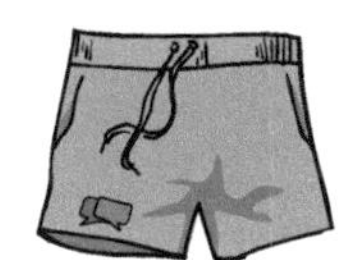

ٹرنک
....
плавки

نیکر
....
шорты

ٹریک سوٹ
....
спортивный костюм

اپرن
....
фартук

دستانے
....
перчатки

بٹن

пуговица

عینک

очки

کنگن

браслет

ہار

цепочка

انگوٹھی

кольцо

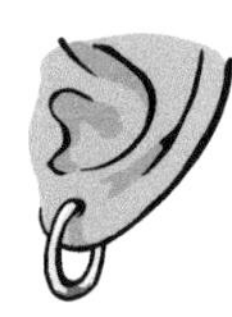

کانوں کی بالیاں

серьга

ٹوپی

шапка

کوٹ ہینگر

вешалка

ہیٹ

шляпа

ٹائی

галстук

زپ

застежка молния

ہیلمٹ

шлем

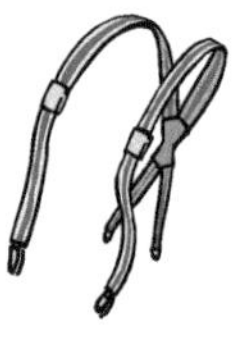

بریسز

подтяжки

سکول یونیفارم

школьная форма

وردی

форма

بب

детский нагрудник

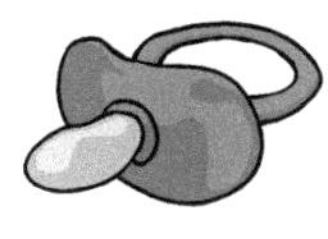

ڈمی

соска

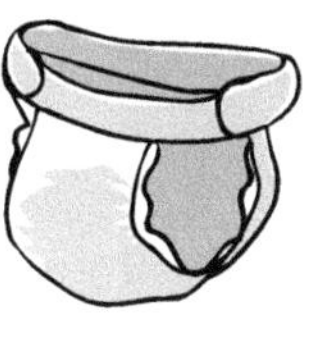

نیپی

подгузник

دفتر

офис

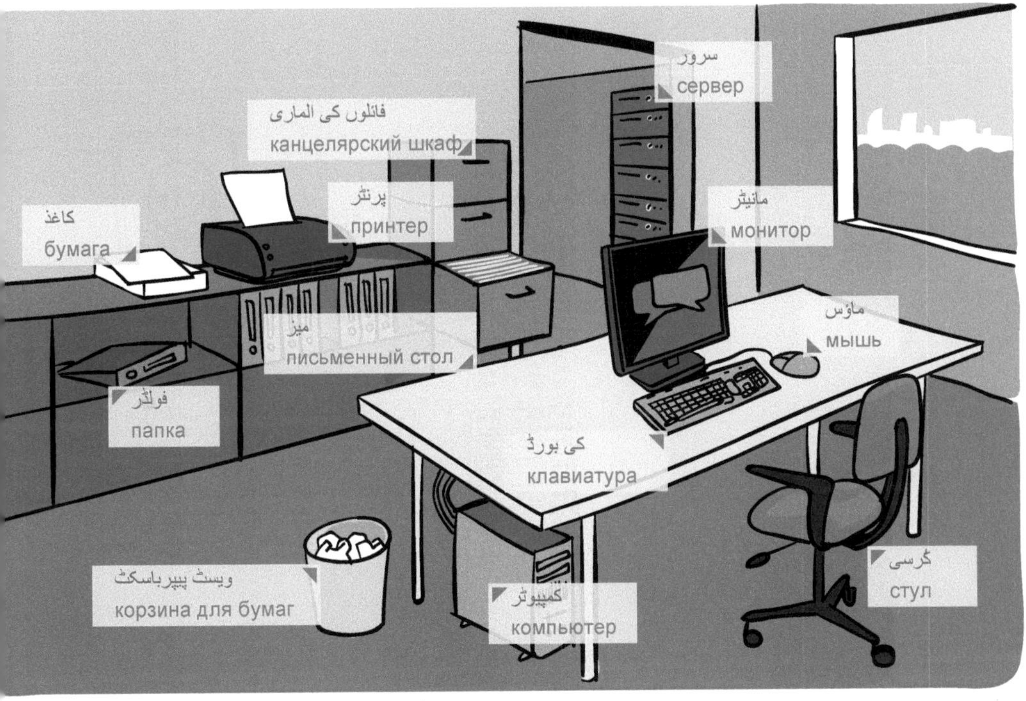

سرور
сервер

فائلوں کی الماری
канцелярский шкаф

پرنٹر
принтер

کاغذ
бумага

مانیٹر
монитор

ماؤس
мышь

میز
письменный стол

فولڈر
папка

کی بورڈ
клавиатура

کُرسی
стул

ویسٹ پیپرباسکٹ
корзина для бумаг

کمپیوٹر
компьютер

کافی مگ

кофейная кружка

کیلکولیٹر

калькулятор

انٹرنیٹ

интернет

لیپ ٹاپ

....

ноутбук

خط

....

письмо

پیغام

....

сообщение

موبائل

....

мобильный телефон

نیٹ ورک

....

сеть

فوٹوکاپئیر

....

ксерокс

سافٹ ویئر

....

программа

ٹیلی فون

....

телефон

پلگ ساکٹ

....

розетка

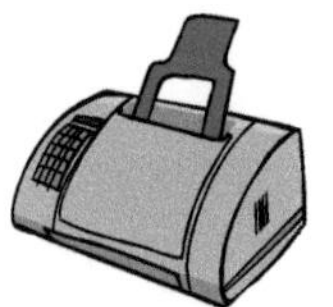

فیکس مشین

....

факс

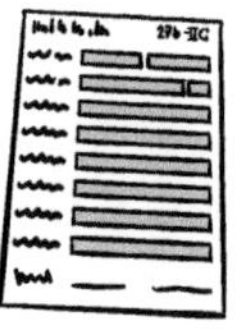

فارم

....

формуляр

دستاویز

....

документ

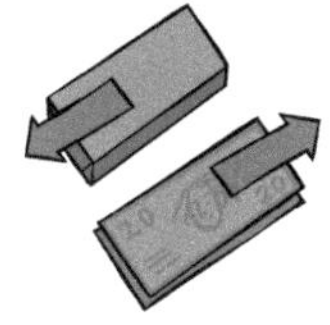

خریدنا
....
покупать

ادائیگی کرنا
....
платить

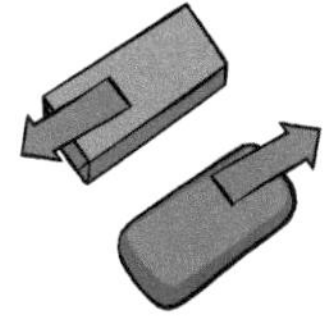

تجارت کرنا
....
торговать

رقم
....
деньги

ڈالر
....
доллар

یورو
....
евро

ین
....
иена

روبل
....
рубль

سوئس فرانک
....
франк

رینمنیبی یوآن
....
жэньминьби юань

روپیہ
....
рупия

کیش پوائنٹ
....
банкомат

رقم تبدیل کرانےکیلئےدفتر
....
пункт обмена валюты

سونا
....
золото

چاندی
....
серебро

خام تیل
....
нефть

توانائی
....
энергия

قیمت
....
цена

معاہدہ
....
договор

ٹیکس
....
налог

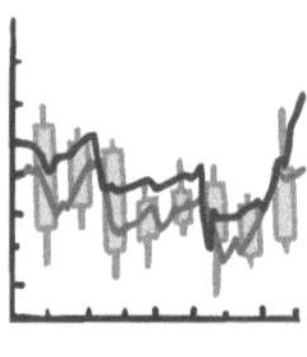

اسٹاک
....
акция

کام کرنا
....
работать

ملازم
....
служащий

آجر
....
работодатель

فیکٹری
....
фабрика

دکان
....
магазин

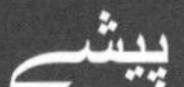

پیشے
профессии

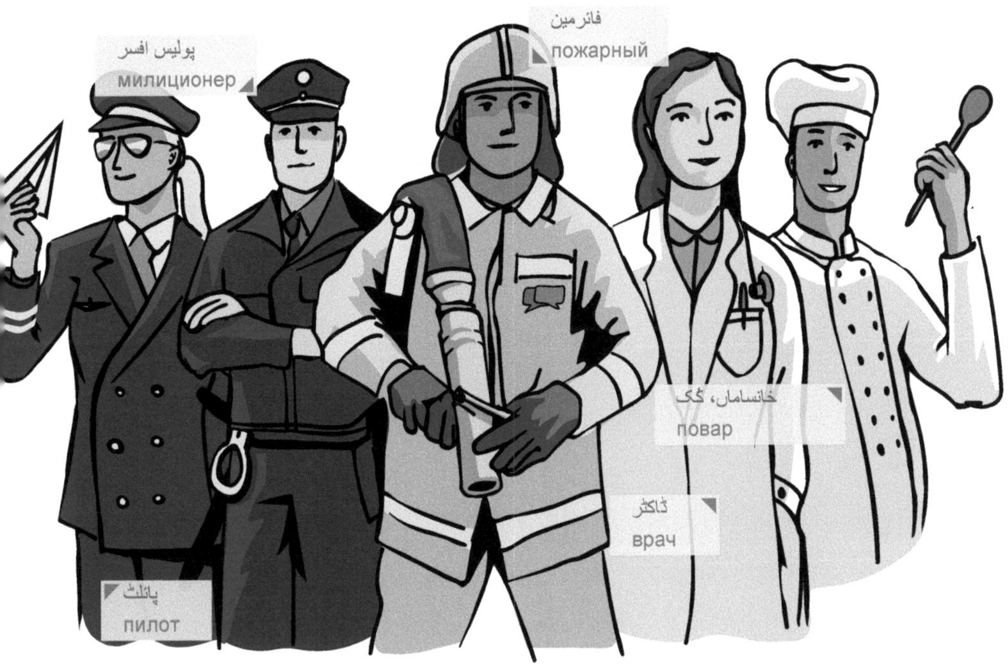

پولیس افسر
милиционер
فائرمین
пожарный
خانساماں، کُک
повар
ڈاکٹر
врач
پائلٹ
пилот

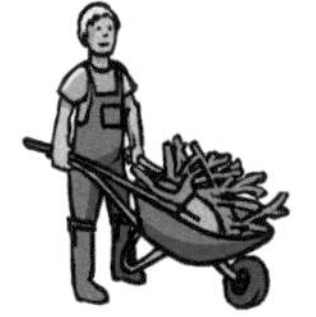

مالی

садовник

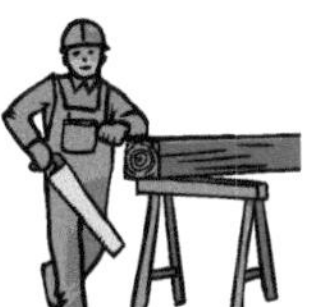

ترکھان

столяр

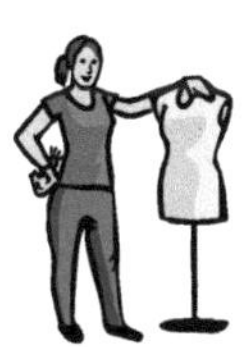

درزن

швея

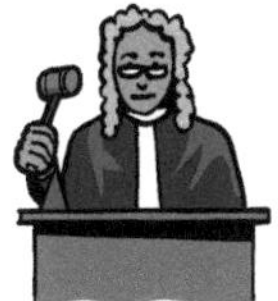

جج

судья

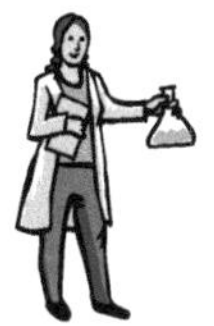

کیمسٹ

химик

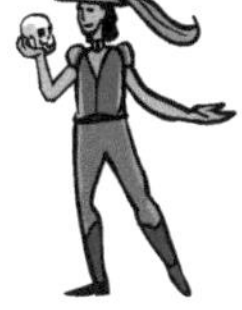

اداکار

актёр

بس ڈرائیور

водитель автобуса

ٹیکسی ڈرائیور

таксист

مچھیرا

рыбак

صفائی کرنےوالی عورت

уборщица

چھت بنانےوالا

кровельщик

ویٹر

официант

شکاری

охотник

پینٹر

художник

بیکر

пекарь

الیکٹریشین

электрик

بلڈر

строитель

انجینئیر

инженер

قصائی

мясник

پلمبر

сантехник

ڈاکیا

почтальон

سپاہی

солдат

آرکیٹیکٹ

архитектор

کیشئیر

кассир

پھول بیچنےوالا

флорист

نائی

парикмахер

کنڈکٹر

кондуктор

مکینک

механик

کپتان

капитан

ڈینٹسٹ

зубной врач

سائنسدان

ученый

یہودی عالم

раввин

امام

имам

راہب

монах

پادری

священник

اوزار

инструменты

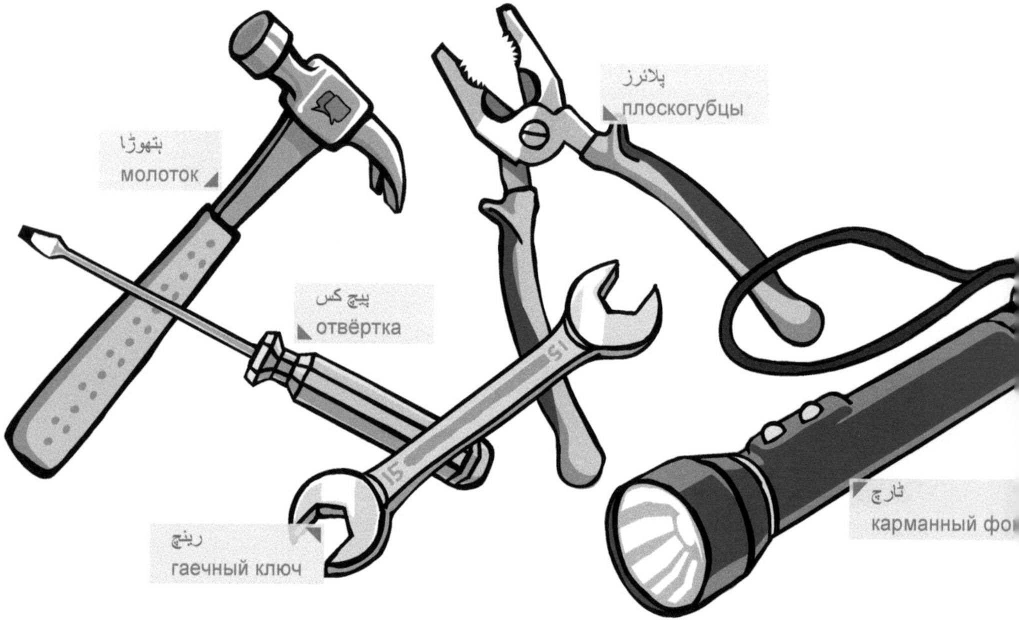

ہتھوڑا
молоток

پلائرز
плоскогубцы

پیچ کس
отвёртка

رینچ
гаечный ключ

ٹارچ
карманный фо

ایکسکویٹر
экскаватор

ٹول باکس
ящик для инструментов

سیڑھی
стремянка

آری
пила

کیل
гвозди

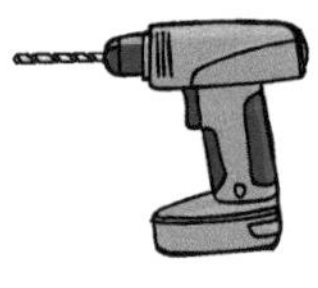

ڈرل
дрель

مرمت کرنا

ремонтировать

بیلچہ

лопата

لعنت ہو!

Блин!

ڈسٹ پین

совок

پینٹ پاٹ

ведро с краской

پیچ

винты

آلات موسیقی

музыкальные инструменты

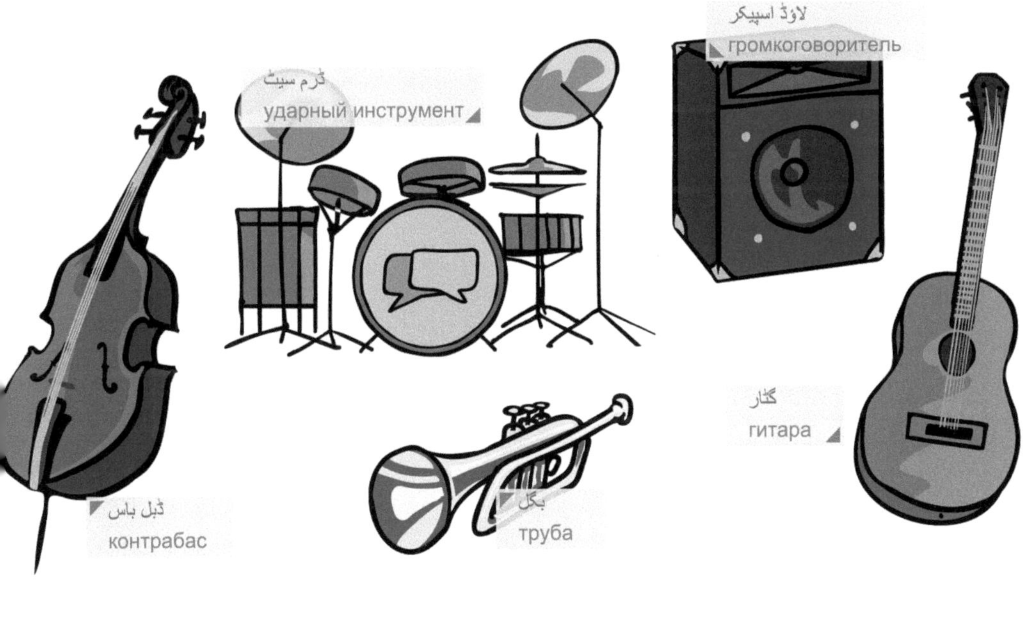

ڈرم سیٹ

ударный инструмент

لاؤڈ اسپیکر

громкоговоритель

ڈبل باس

контрабас

بگل

труба

گٹار

гитара

پیانو

пианино

وائلن

скрипка

موسیقی کی آواز

бас-гитара

ٹمپانی

литавры

ڈھول، ڈرمز

барабан

کی بورڈ

синтезатор

سیکسوفون

саксофон

بانسری

флейта

مائیکروفون

микрофон

چڑیا گھر

зоопарк

چیتا
тигр

داخلے کا راستہ
вход

پنجرہ
клетка

زیبرا
зебра

جانوروں کا چارہ
корм

پانڈا
панда

جانور
....
животные

ہاتھی
....
слон

کینگرو
....
кенгуру

گینڈا
....
носорог

گوریلا
....
горилла

ریچھ
....
медведь

اونٹ
....
верблюд

شُترمُرغ
....
страус

شیر
....
лев

بندر
....
обезьяна

فلیمنگو
....
фламинго

طوطا
....
попугай

قطبی ریچھ
....
белый медведь

کبوتر
....
пингвин

شارک
....
акула

مور
....
павлин

سانپ
....
змея

مگرمچھ
....
крокодил

چڑیا گھر کا محافظ
....
служитель зоопарка

سیل
....
тюлень

امریکی تیندوا
....
ягуар

ٹٹو

пони

چیتا

леопард

دریائی گھوڑا

бегемот

زرافہ

жираф

عقاب

орёл

سؤر

кабан

مچھلی

рыба

کچھوا

черепаха

سمندری گھوڑا

морж

لومڑی

лиса

غزال ہرن

газель

کھیلیں

спорт

سرگرمیاں

действия

چھلانگ ل
ыгать

گلے لگانا
обнимать

ہنسنا
смеяться

چلنا
идти

گانا
петь

خواب دیکھنا
мечтать

دُعا کرنا
молиться

چُومنا
целовать

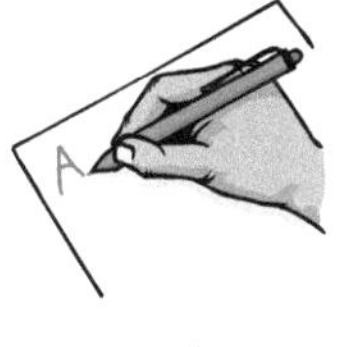

لکھنا
....
писать

تصویرکشی کرنا
....
рисовать

دکھانا
....
показывать

آگے کی طرف دھکیلنا
....
нажимать

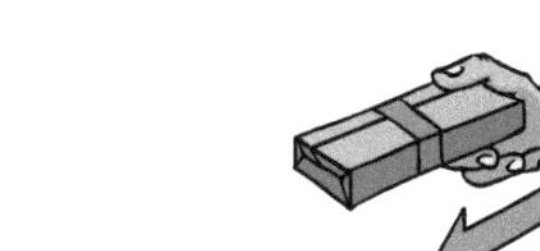

دینا
....
давать

لینا
....
брать

رکھنا

иметь

کرنا

делать

ہونا

быть

کھڑا ہونا

стоять

دوڑنا

бежать

کھینچنا

тянуть

پھینکنا

бросать

گرنا

падать

جھوٹ بولنا

лежать

انتظار کرنا

ждать

اُٹھانا

носить

بیٹھنا

сидеть

ملبوس ہونا

надевать

سونا

спать

جاگنا

просыпаться

دیکھنا

....

рассматривать

رونا

....

плакать

چوٹ لگانا

....

гладить

کنگھی کرنا

....

причесывать

بات کرنا

....

говорить

سمجھنا

....

понимать

پوچھنا

....

спрашивать

مُتوجہ ہونا

....

слушать

پینا

....

пить

کھانا

....

кушать

صاف کرنا

....

наводить порядок

پیارکرنا

....

любить

پکانا

....

готовить

گاڑی چلانا

....

ехать

اُڑنا

....

летать

بحری سفرکرنا

....

ходить под парусом

شمارکریں

....

считать

پڑھنا

....

читать

سیکھنا

....

учиться

کام کرنا

....

работать

شادی کرنا

....

вступать в брак

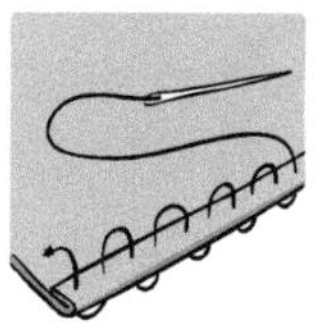

سینا

....

шить

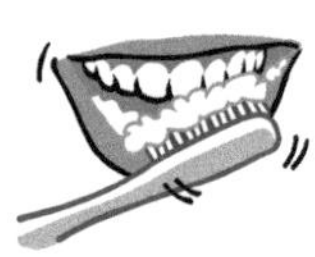

دانت صاف کرنا

....

чистить зубы

جان سےمار دینا

....

убивать

تمباکونوشی کرنا

....

курить

بھیجنا

....

отправлять

خاندان

семья

دادی
бабушка

دادا
дедушка

باپ
папа

ماں
мама

طفل
младенец

بیٹی
дочь

بیٹا
сын

مہمان

гость

چچی

тетя

چچا

дядя

بھائی

брат

بہن

сестра

جسم

тело

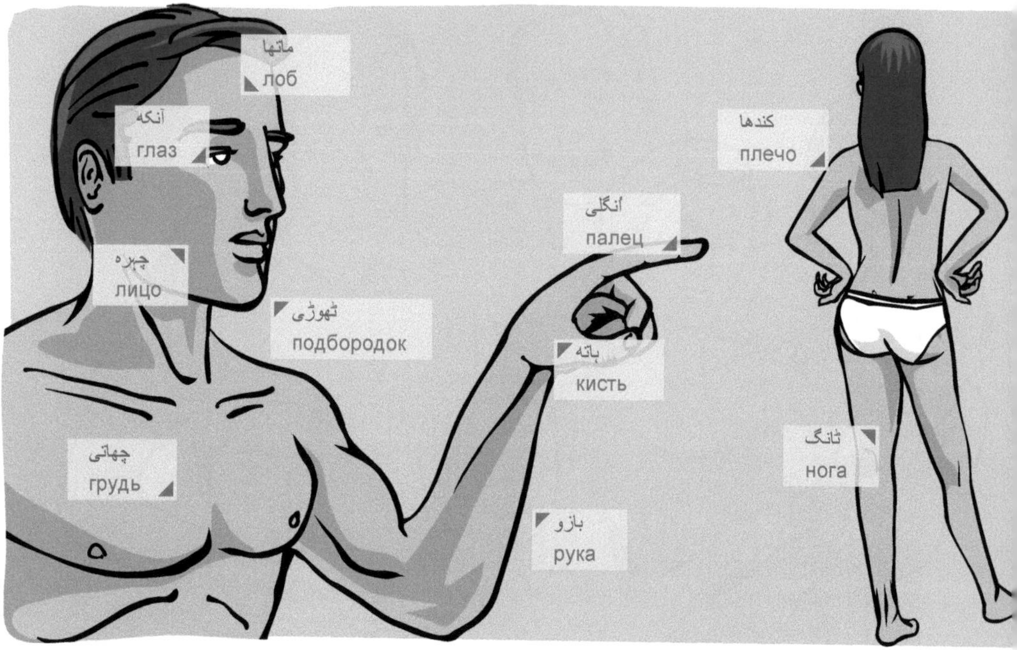

ماتھا
лоб

آنکھ
глаз

چہرہ
лицо

ٹھوڑی
подбородок

چھاتی
грудь

انگلی
палец

ہاتھ
кисть

بازو
рука

کندھا
плечо

ٹانگ
нога

طفل

младенец

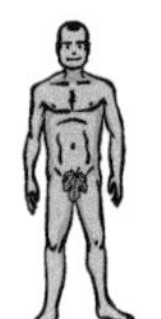

آدمی

мужчина

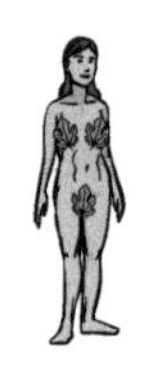

عورت

женщина

لڑکی

девочка

لڑکا

мальчик

سر

голова

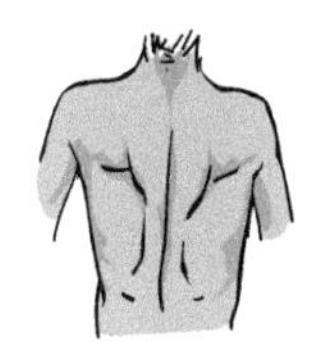

کمر

спина

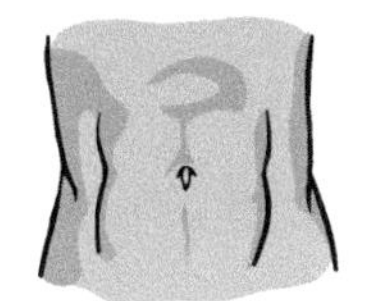

پیٹ

живот

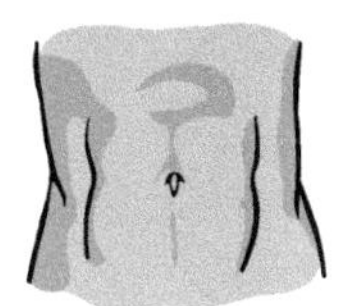

ناف

пупок

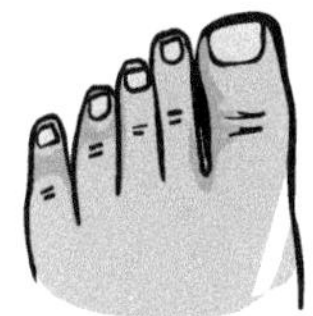

پاؤں کا انگوٹھا

палец ноги

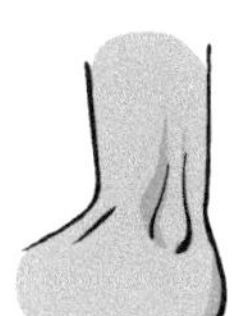

ایڑھی

пятка

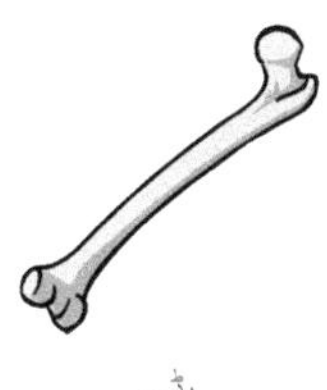

ہڈی

кость

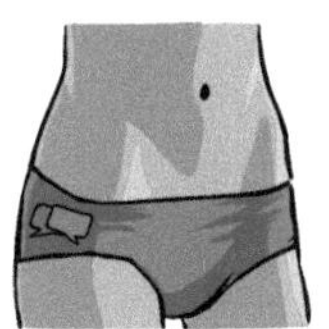

کولہا

бедро

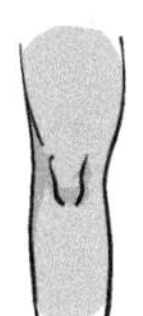

گھٹنا

колено

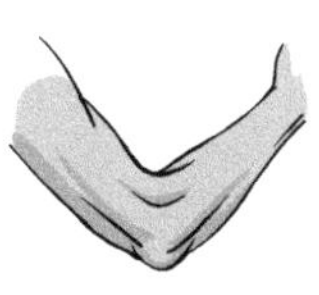

کہنی

локоть

ناک

нос

نچلا حصہ

ягодицы

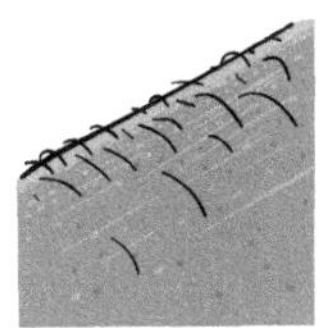

جلد

кожа

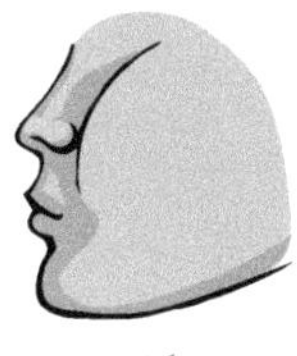

گال

щека

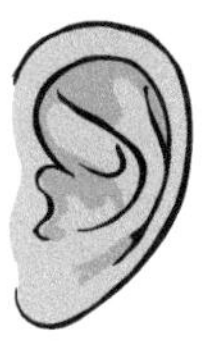

کار

ухо

ہونٹ

губа

مُنہ

рот

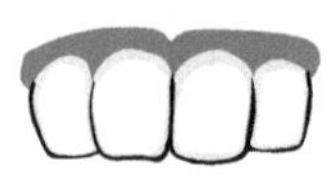

دانت

зуб

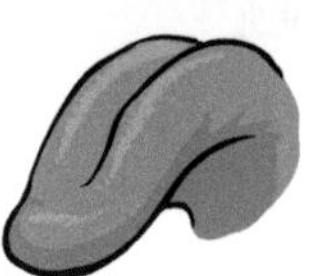

زُبان

язык

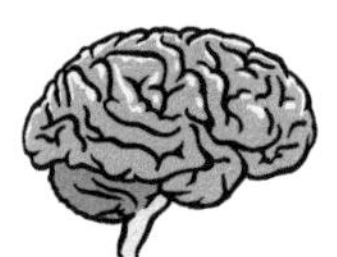

دماغ

мозг

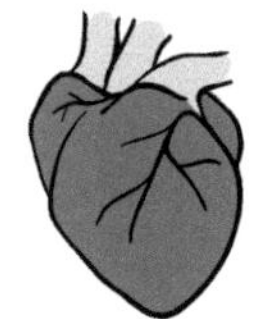

دل

сердце

پٹھہ

мышца

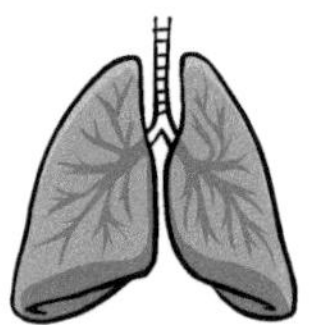

پھیپھڑا

лёгкое

جگر

печень

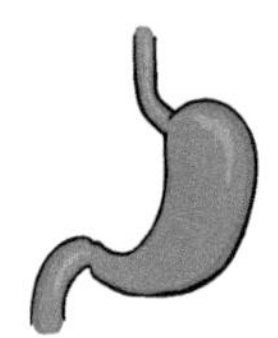

معدہ

желудок

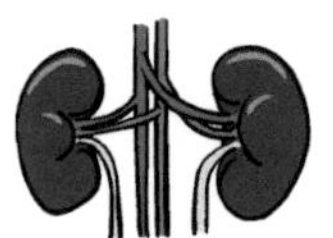

گردے

почки

جنس

половой акт

کنڈوم

презерватив

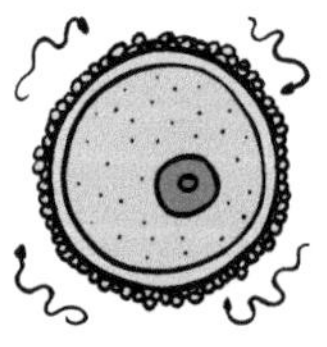

بیضہ

яйцеклетка

مادہ منویہ

сперма

حمل

беременность

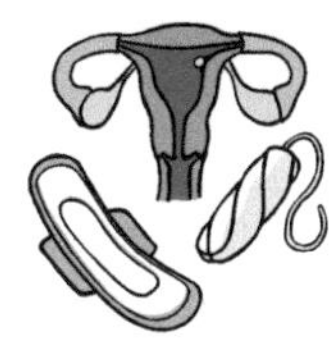

حیض

....

менструация

اندام نهانی

....

вагина

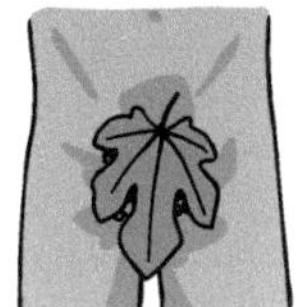

عضو تناسل

....

пенис

بهنوین

....

бровь

بال

....

волосы

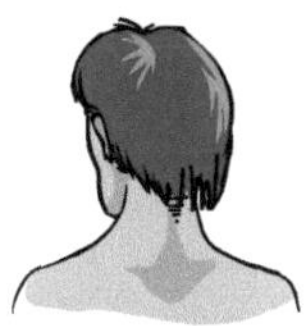

گردن

....

шея

ہسپتال

больница

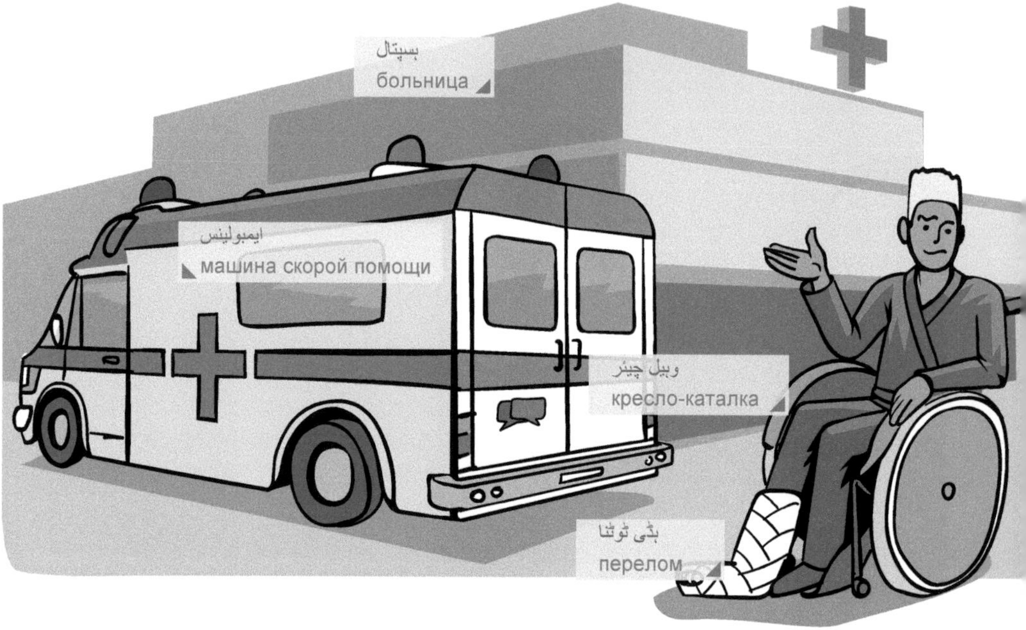

ہسپتال

больница

ایمبولینس

машина скорой помощи

وہیل چیئر

кресло-каталка

ہڈی ٹوٹنا

перелом

ڈاکٹر

врач

ہنگامی کمرہ

пункт первой помощи

نرس

медсестра

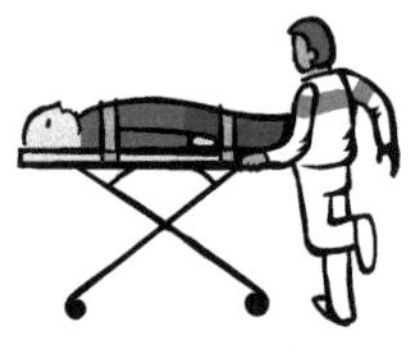

ہنگامی صورتحال

неотложный случай

بےہوش

без сознания

درد

боль

زخم
....
повреждение

خون بہنا
....
кровотечение

دل کا دورہ
....
инфаркт

فالج
....
инсульт

الرجی
....
аллергия

کھانسی
....
кашель

بخار
....
овышенная температура

زکام
....
грипп

اسہال
....
понос

سردرد
....
головная боль

کینسر
....
рак

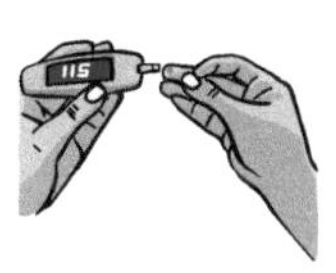

ذیابیطس
....
диабет

سرجن
....
хирург

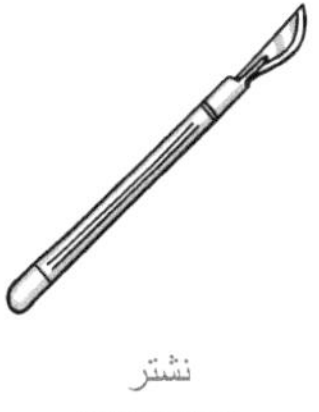

نشتر
....
скальпель

آپریشن
....
операция

سی ٹی

КТ

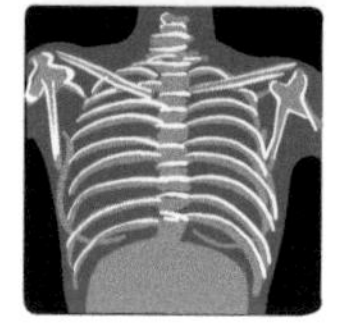

ایکس رے

рентген

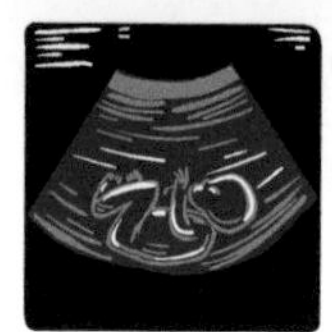

الٹراساؤنڈ

ультразвук

چہرے کا نقاب

маска

بیماری

болезнь

انتظارگاہ

приёмная

بیساکھی

костыль

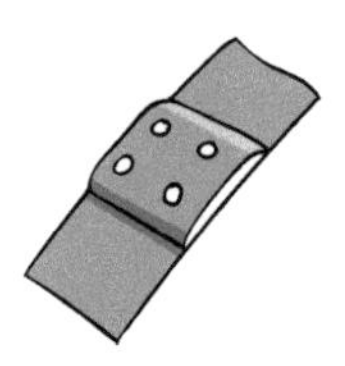

پلاسٹر

пластырь

پٹی

бинт

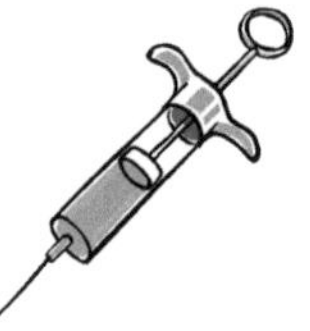

انجکشن

укол

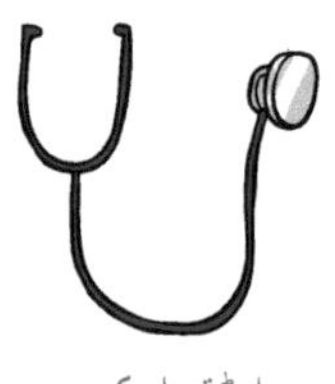

اسٹیتھواسکوپ

стетоскоп

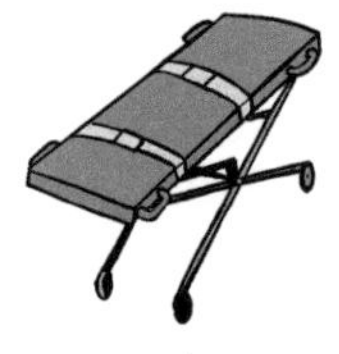

اسٹریچر

носилки

مطبی تھرما میٹر

термометр

پیدائش

рождение

حد سے زیادہ وزن

избыточный вес

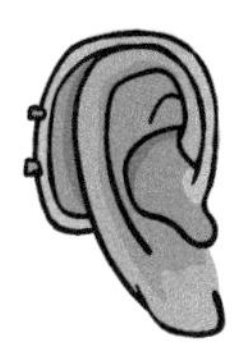

آلہ سماعت

слуховой аппарат

جراثیم کش

дезинфекционное средство

انفیکشن

инфекция

وائرس

вирус

ایچ آئی وی/ ایڈز

ВИЧ / СПИД

دوا

лекарство

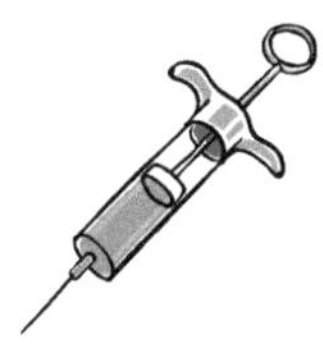

ویکسی نیشن

прививка

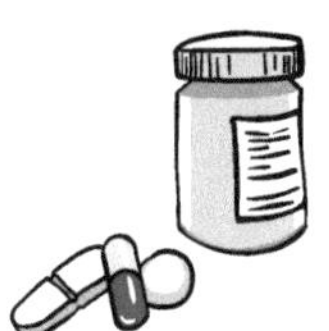

گولیاں

таблетки

گولی

противозачаточная таблетка

ہنگامی کال

экстренный вызов

بلڈ پریشر مانیٹر

прибор для измерения кровяного давления

بیمار / صحتمند

больной / здоровый

ہنگامی صورتحال

неотложный случай

مدد!

Помогите!

الارم

сигнал тревоги

مُجرمانہ حملہ

нападение

حملہ

атака

خطرہ

опасность

ہنگامی راستہ

запасной выход

آگ!

Пожар!

آگ بُجھانےوالہ آلہ

огнетушитель

حادثہ

несчастный случай

ابتدائی طبی امداد کی کٹ

аптечка

ایس او ایس

SOS

پولیس

милиция

زمین
земля

یورپ
....
Европа

شمالی امریکہ
....
Северная Америка

جنوبی امریکہ
....
Южная Америка

افریقہ
....
Африка

ایشیا
....
Азия

آسٹریلیا
....
Австралия

بحراوقیانوس
....
Атлантический океан

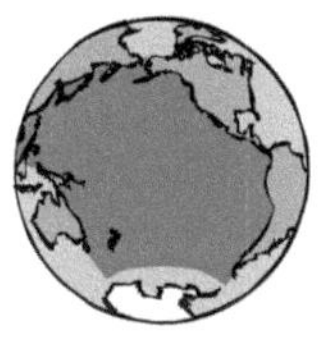
بحرالکاہل
....
Тихий океан

بحرہند
....
Индийский океан

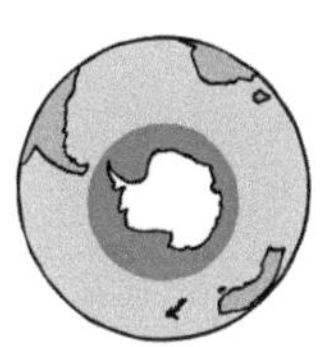
بحرقُطب جنوبی
....
Антарктический океан

بحرقُطب شمالی
....
Северный Ледовитый океан

قُطب شمالی
....
Северный полюс

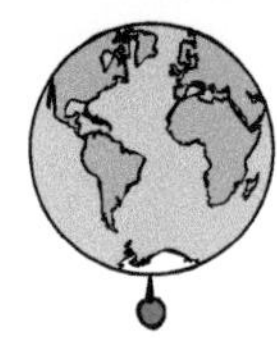

قُطب جنوبی

Южный полюс

انٹارکٹیکا

Антарктика

زمین

земля

زمین

суша

سمندر

море

جزیرہ

остров

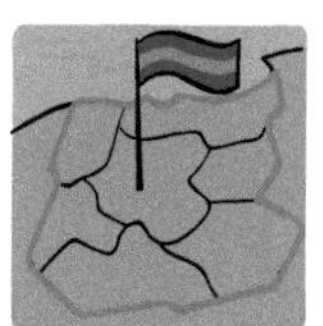

قوم

нация

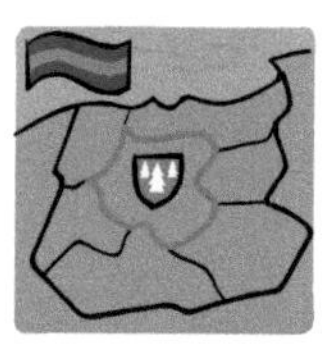

ریاست

государство

کلاک
часы

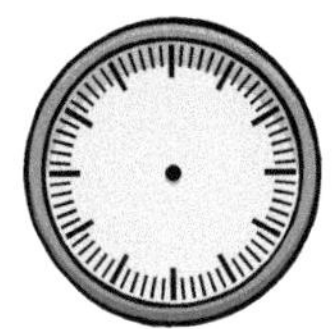

کلاک کا سامنے کا حصہ
....
циферблат

گھنٹوں والی سوئی
....
часовая стрелка

منٹوں والی سوئی
....
минутная стрелка

سیکنڈ ہینڈ
....
секундная стрелка

کیا وقت ہوا ہے؟
....
Который час?

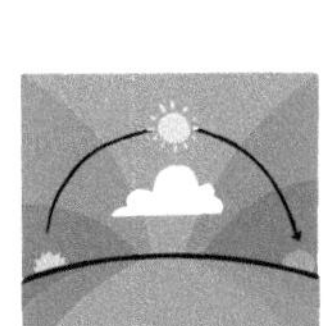

دن
....
день

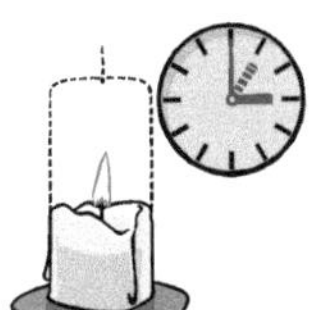

وقت
....
время

اب
....
сейчас

ڈیجیٹل گھڑی
....
электронные часы

منٹ
....
минута

گھنٹہ
....
час

ہفتہ

неделя

MO
TU
W
TH
FR
SA
SO
سوموار
понедельник
منگلوار
вторник
بدھوار
среда
جمعرات
четверг
جمعہ
пятница
ہفتہ
суббота
اتوار
воскресенье
TUE
MON
21
TUE
2
TUE
3
گزرا کل
вчера
آج
сегодня
کل
завтра
صبح
утро
دوپہر
полдень
شام
вечер
کاروباری دن
рабочие дни
ہفتےکا اختتام
выходные

سال

год

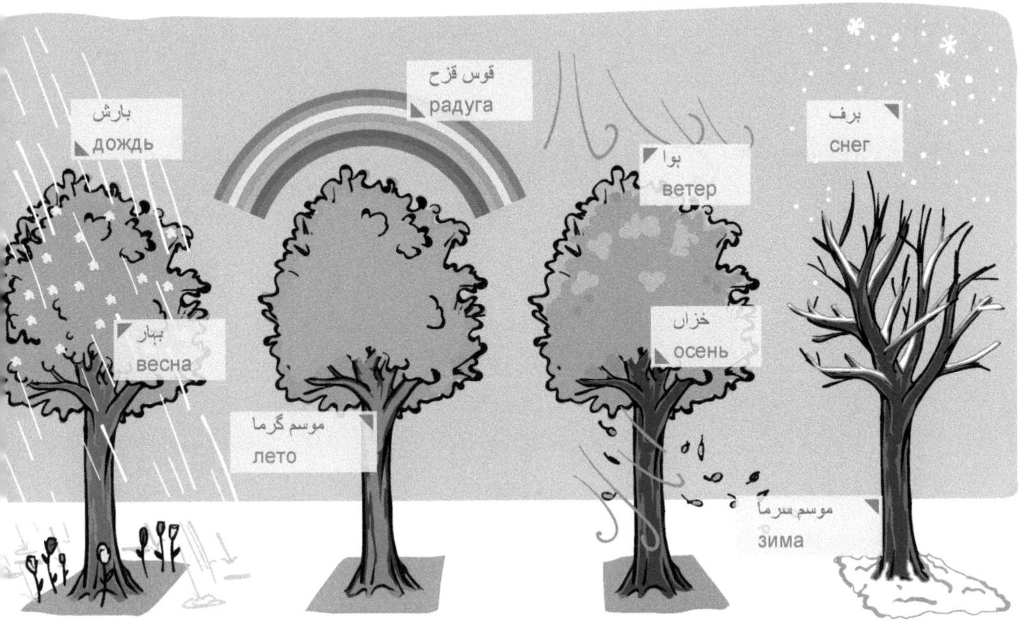

بارش
дождь
قوس قزح
радуга
ہوا
ветер
برف
снег
بہار
весна
خزاں
осень
موسم گرما
лето
موسم سرما
зима

4.APRIL 11°
5.APRIL 4°
6.APRIL 13°
7.APRIL 8°
8.APRIL 10°

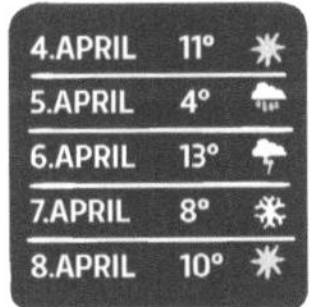

موسمی پیش گوئی

прогноз погоды

F C
120 90 60 30 0 -30
40 30 20 10 0 -10 -20

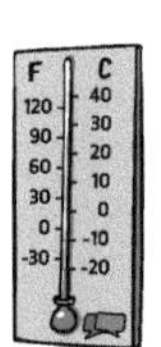

تھرما میٹر

термометр

دھوپ

солнечный свет

بادل

туча

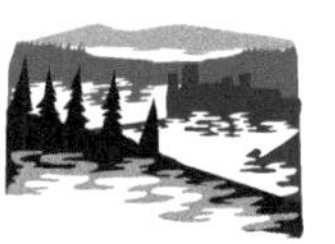

دُھند

туман

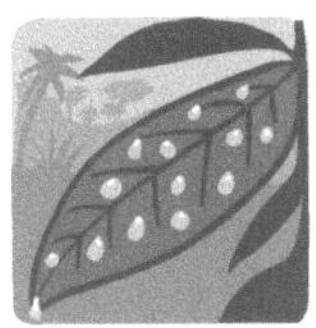

حبس

влажность воздуха

بجلی کوندھنا

молния

بادلوں کی گرج

гром

طوفان

буря

ژالہ باری

град

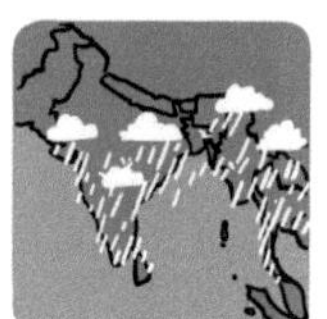

مون سون

муссон

سیلاب

наводнение

برف

лёд

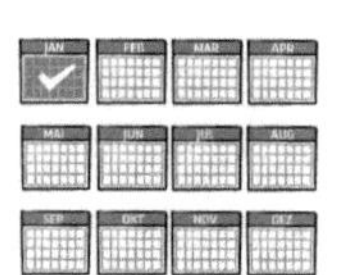

جنوری

январь

فروری

февраль

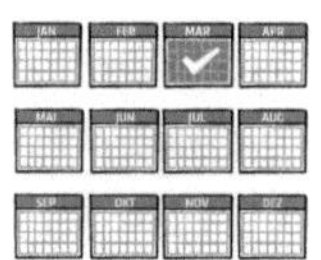

مارچ

март

اپریل

апрель

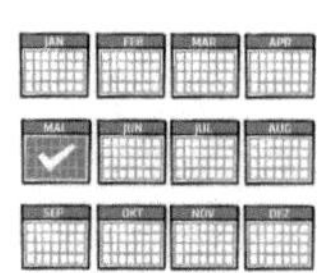

مئی

май

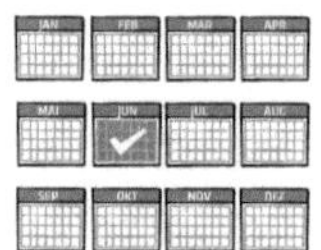

جون

июнь

جولائی

июль

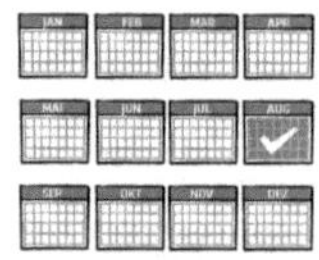

اگست

август

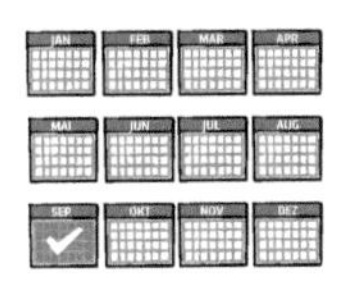

ستمبر

сентябрь

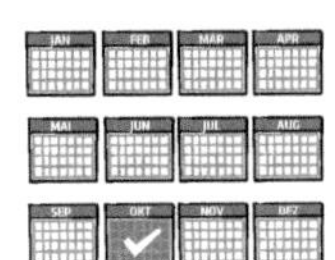

اکتوبر

октябрь

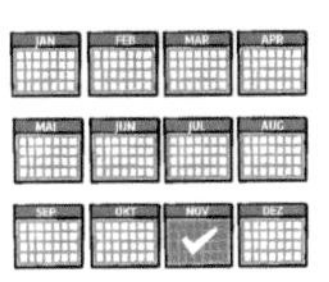

نومبر

ноябрь

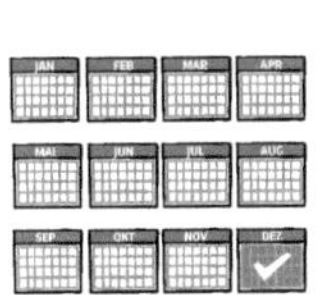

دسمبر

декабрь

اشکال

формы

دائره

круг

چوکور

квадрат

مُستطیل

прямоугольник

تکون

треугольник

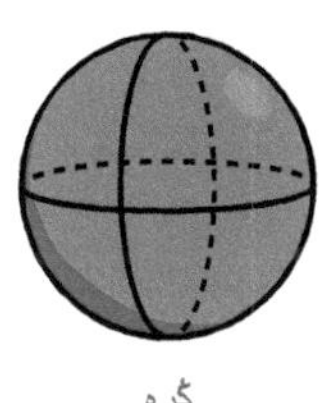

ګره

шар

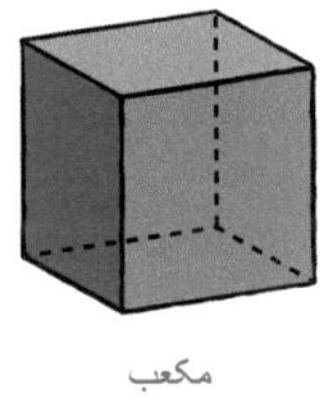

مکعب

куб

رنگ

цвета

سفید

....

белый

پیلا

....

желтый

نارنجی

....

оранжевый

گلابی

....

розовый

سُرخ

....

красный

جامنی

....

лиловый

نیلا

....

синий

سبز

....

зелёный

بھورا

....

коричневый

مٹیالا

....

серый

سیاہ

....

черный

مخالف

противоположности

بہت زیادہ / بہت کم

много / мало

ناراض / پُرسکون

яростный / мирный

خوبصورت / بدصورت

красивый / уродливый

آغاز / اختتام

начало / конец

بڑا / چھوٹا

большой / маленький

روشن / اندھیرا

светлый / темный

بھائی / بہن

брат / сестра

صاف / گندا

чистый / грязный

مکمل / نامکمل

полный / неполный

دن / رات

день / ночь

زندہ / مُردہ

мёртвый / живой

چوڑا / تنگ

широкий / узкий

کھانےکےقابل ہونا / کھانےکےقابل نہ ہونا

съедобный / несъедобный

بُرا / اچھا

злой / дружелюбный

پُرجوش / بوریت کا شکار

взволнованный / скучающий

موٹا / دُبلا

толстый / худой

پہلا / آخری

сначала / в конце

دوست / دُشمن

друг / враг

بھرا ہوا / خالی

полный / пустой

سخت / نرم

твёрдый / мягкий

بوجھل / ہلکا

тяжёлый / легкий

بھوک / پیاس

голод / жажда

بیمار / صحتمند

больной / здоровый

غیرقانونی / قانونی

незаконный / законный

عقلمند / بیوقوف

умный / глупый

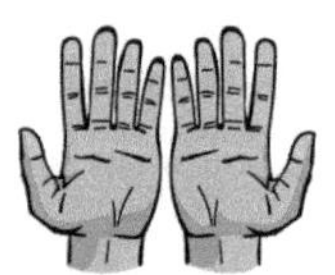

بائیں / دائیں

слева / справа

نزدیک / دور

близко / далеко

نیا / پُرانا

новый / подержанный

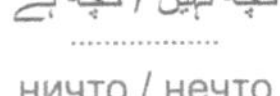

کچه نہیں / کچه ہے

ничто / нечто

بوڑھا / نوجوان

старый / молодой

آن / آف

включено / выключено

کُھلا / بند

открыто / закрыто

خاموش / بُلند آواز

тихо / громко

امیر / غریب

богатый / бедный

ٹهیک / غلط

правильный / неправильный

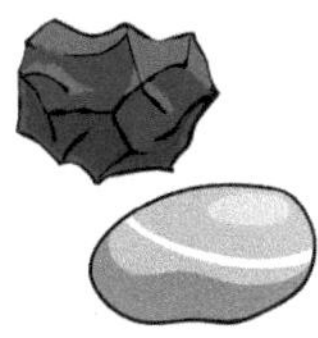

کهُردرا / ہموار

шероховатый / гладкий

افسرده / خوش

печальный / счастливый

مُختصر / طویل

короткий / длинный

آہستہ / تیز

медленный / быстрый

گیلا / خُشک

мокрый / сухой

گرم / ٹهنڈا

тёплый / прохладный

جنگ / امن

война / мир

цифры

0

صفر

ноль

1

ایک

один

2

دو

два

3

تین

три

4

چار

четыре

5

پانچ

пять

6

چھ

шесть

7

سات

семь

8

آٹھ

восемь

9

نو

девять

10

دس

десять

11

گیارہ

одиннадцать

12

باره

....

двенадцать

13

تیره

....

тринадцать

14

چوده

....

четырнадцать

15

پندره

....

пятнадцать

16

سولہ

....

шестнадцать

17

ستره

....

семнадцать

18

اٹھاره

....

восемнадцать

19

أنیس

....

девятнадцать

20

بیس

....

двадцать

100

سو

....

сто

1.000

ہزار

....

тысяча

1.000.000

دس لاکه

....

миллион

زبانیں

ЯЗЫКИ

انگریزی

английский

امریکی انگریزی

американский английский

چینی مینڈارین

мандаринский китайский

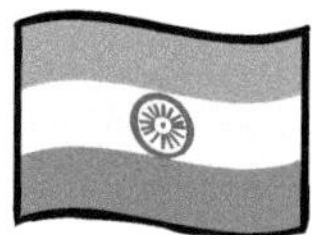

ہندی

хинди

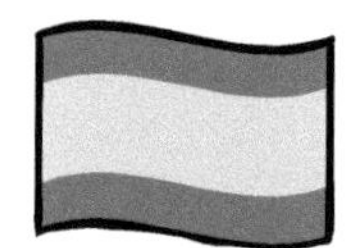

ہسپانوی

испанский

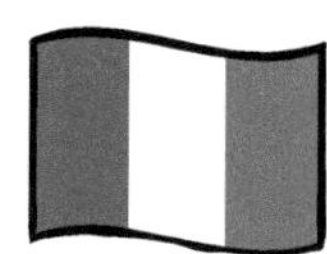

فرانسیسی

французский

عربی

арабский

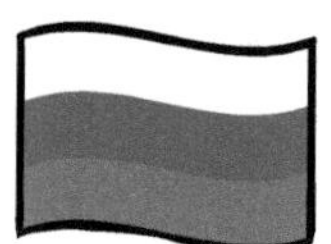

روسی

русский

پُرتگالی

португальский

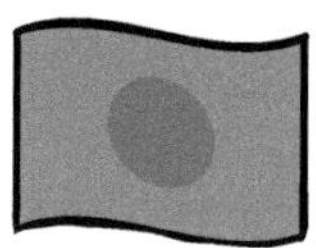

بنگالی

бенгальский

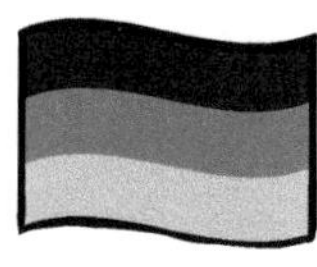

جرمن

немецкий

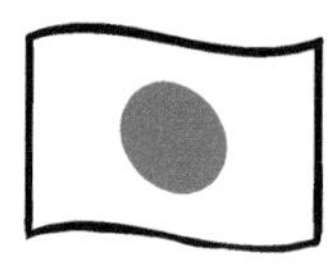

جاپانی

японский

کون / کیا / کیسے

кто / что / как

میں

я

تم

ты

وہ (لڑکا) / وہ (لڑکی) / یہ

он / она / оно

ہم

мы

تم

вы

وہ

они

کون؟

кто?

کیا؟

что?

کیسے؟

как?

کہاں؟

где?

کب؟

когда?

نام

имя

کہاں

где

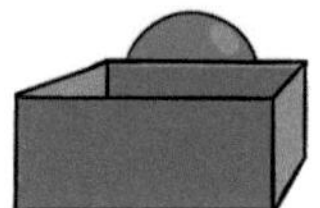

پیچھے

за

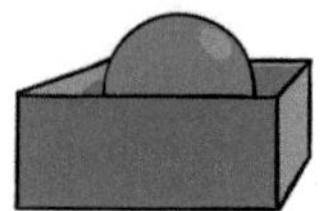

میں

в

کے سامنے

перед

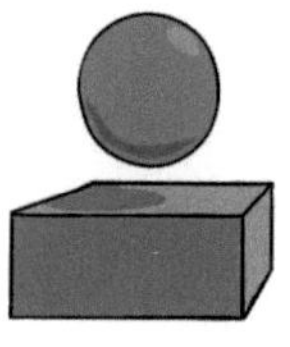

اوپر

над

پر

на

نیچے

под

ساتھ

рядом

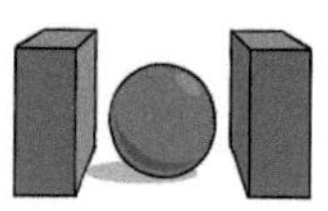

درمیان

между

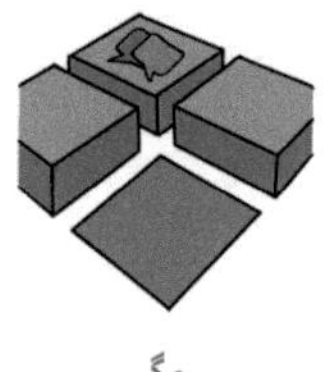

جگہ

место